心を活かす監督術

目次

4 サッカー観を変えた海外の日々／45

編集者まえがき

富山第一高校サッカー部は、全国のサッカー強豪校のなかでも、異色を放つ存在だ。

２０１３年度の選手権大会では、富山県勢として初の全国優勝を成し遂げた。決勝戦がまれにみる劇的な逆転勝利だったこともあって、全国的なニュースになったから、覚えておられる方も多いだろう。

選手権優勝以後も、富山第一は着実に実績を残している。

２０１９年のインターハイでは準優勝。２０１８年度には、Ｊのユースチームも参加する、18歳以下の国内最高峰のリーグ、高円宮杯・プレミアリーグで戦った。いまや富山第一は、押しも押されもせぬ、全国有数の強豪校だ。

しかし、富山第一が特別なのは、その強さではない。

富山第一高校サッカー部は、そのメンバーのほとんどが、地元・親元から通える選手によって構成されている。

青森山田や市立船橋などといった有名なサッカー強豪校は、強いチームをつくるために、全国から優秀なサッカー少年をスカウトしている。スカウトされた高校生たちは、地元を離れて、見知らぬ土地で寮生活を送る。そのため、なかには地元出身の選手がほとんどいないというチームもあるほどだ。

ところが富山第一は、それとは正反対の方針を取っている。全国的なサッカー強豪校であるにもかかわらず、そこでプレーしているのは、地元の選手ばかり。そもそも寮がないので、すべての生徒は毎日通学している。数少ない県外出身の選手たちは、金沢など近郊から通っている場合が多いが、なかには、親とともに富山に移住してくる大都市圏の子供もいる。

富山県の人口は約100万人で、県としては決して多いほうではない。都道府県別の人口ランキングでいえば、47都道府県中、37番目だ。人間の絶対数が少なければ、サッカーがうまい少年の数も、それだけ少ないと思われる。

だから、理屈では、地元からだけではなくて、全国からうまい選手を集めてきたほうが、強いチームをつくることができるはずだ。だとすると、地元選手だけの富山第一高校が強いはずはない、ということになる。

しかし、実際には、富山第一は強い。

なぜだろうか。

おそらく、富山第一には他の高校にはないような、強さの秘密があるのだろう。

その秘密を、同校サッカー部・大塚一朗監督に直接語ってもらった。


大塚監督は、地元富山市出身で、1964年生まれの55歳（2019年現在）。富山第一高校のOBでもある。2008年から10年以上にわたり、母校のサッカー部の指導に当たってきた。富山第一を躍進させた名監督だ。

私たちが、富山市内で大塚さんにお会いしたのは8月上旬。上下黒のジャージ姿で現れた大塚さんは、身長が180センチぐらいで、体格がきわめて良い。夏の間、外にいる時間が長いせいか、日焼けして、写真で見たときよりも黒かった。また、手のひらが非常に分厚くて、一般人の2倍はあろうかと思われるほどだ。

いかにも運動部の顧問らしい感じで、最初はいかつい印象を受けた。

しかし、いざ話してみると、穏やかで、親しみやすい人だった。

意外なことに、酒もタバコもやらないという。話し方はゆっくりしていて、こちらの無知からくる失礼な質問にも、忍耐強く、丁寧に答えてくれた。笑い方は豪快だ。スポーツマンらしい、からりとした明るさも感じられた。

スポーツの指導者を、スパルタ式の保守派と、自主性尊重型の革新派の二つに分けるなら、大塚監督は明らかに後者の部類に入る。ふだんの練習から、試合戦術、対戦相手の研究にいたるまで、あらゆる場面で選手たちの自主性を重んじていることが、話からうかがえた。

そして、監督のそういった指導方針には、自身の若い頃の経験にもとづく、ひとつの信念がある。その信念とは、簡単に言えば、何よりもサッカーを楽しむことが大事なのであって、選手たちが強制的に練習をやらされるような環境ではいけないということだ。大塚さんは、話のなかでたびたび、他人に物事をやらされること、あるいはやめさせられることの不愉快さを強調した。大塚さん自身、過去にそういうことで嫌な思いをした経験があるのだ。

話を聞いているうちに、富山第一の強さの理由が、なんとなく分かってきた。もちろん、富山第一が強いのにはいくつもの理由があり、単純にこうだと言い切ってしまえるものではないだろう。しかし、その理由のうちで、もっとも重要なものが、監督の信念と関係があるのは間違いないようだ。

本書は、富山第一高校の指導法や、監督のいままでのサッカー人生、スポーツ指導に対する考え方などを紹介したものである。

話はテーマごとに短くまとめてあり、それほど詳細に記述しているわけではないが、大塚監督の指導についての考え方や、それがうまくいっている理由については、じゅうぶん分かっていただけると思う。

現代の子供たちがスポーツをする環境は、昭和の時代に比べればかなり変わってきた。

とはいえ、いまだに運動部のなかには、体罰が横行していたり、あまりに厳しすぎて部員が大半やめていったりするところもあるだろう。

体罰等について世間の眼が厳しくなっていくなかで、大塚監督の指導法は、現代スポーツのあり方の、ひとつの答えを提供しているように思う。読者の皆さんが、これからの高校サッカーや、スポーツ教育全体のあり方について、本書を通して考えていただけたら幸いである。

1 地元・親元にこだわる理由

富山第一サッカー部は、地元・親元から通学できる選手でチームを構成しています。

他の強豪校のように、全国から選手を集めてくるようなことはしていません。

しかし、全国から才能のある子供たちを集めてきたほうが、強いチームをつくれるのは当然のことです。

にもかかわらず、僕たちが地元・親元の選手にこだわる理由は何でしょうか？

それは、僕たちが強さよりも重要なものを追求しているからです。

なぜ地元の選手にこだわるのか

じつは、いまヨーロッパのサッカーチームでは、「親元から通う」ということをすごく重要視しています。親が子に関わることの重要性を認識しはじめたのだと思います。

子供は、親がいてくれることで、助かることもあるし、逆に、子どもの世話をすることで、親自身が成長することもある。そういうことが、人が生きていくうえですごく大事だと、向こうでは気づきはじめたんです。

久保建英《たけふさ》選手がバルセロナに行っていたのに、日本に強制送還されたことは象徴的な出来事でしょう。あれは「18歳以下の国際移籍は認めない」というＦＩＦＡ（国際サッカー連盟）のルールなんです。

なぜＦＩＦＡがそのルールを作ったのかというと、現状、多くのクラブが、あまりにも小さいころからエリート教育をさせ過ぎて、その弊害が出てきているからです。

たしかに、エリート教育を受けた人のなかには、メッシのような突出した選手もいます。

しかし、トップチームで活躍できる選手はごくわずかです。大半の子供たちは、日の目を見ずに捨てられているんです。

ひどいのは、アフリカから連れてきたけれど、トップチームに昇格できず、やがて本人のやる気も失せてしまった、という場合。そういう選手は、勝手に切り離して捨てられてしまいます。彼らは行くところがなくて、ストリートギャングになっているという話です。

ですから、まずは親元で暮らしながら学校に通うこと。そのうえで、サッカーができる環境をつくる。子供のことを考えれば、おのずと地元・親元にこだわることになるんです。

子供の環境を第一優先

他県から富山第一に入れたいという親御さんもたくさんいますが、「うちには寮はありません」というと、皆さんあきらめます。

「どうしても」と言われるのであれば、「お父さんかお母さんがついてきてください」と言っています。なかには、富山第一に入るために、親御さんと一緒に引っ越してきた子もいます。

富山県至上主義みたいに思われることもたまにあるのですが、かたくなに地元しか入れないというわけではなく、子供の環境を第一優先にしているんです。

それができれば、上手い下手に関係なく、受け入れています。

ちなみに県外から来ているケースでは、東京からお母さんと他のきょうだい5人と一緒に来た子がいます。

金沢から通っている子が3人。電車に乗って、1時間半くらいかけて来ています。だから、午前7時練習だったら、5時くらいに出てくることになりますから、結構大変だと思います。

このやり方を批判されたこともあります。

2013年度の選手権で優勝したときは、決勝戦の相手がうちと好対照だったので、いろいろ話題になりました。

決勝戦は北陸同士で、富山第一対星稜。

富山第一は地元の選手ばかりだったのですが、星稜高校は、石川県出身が、25人中5人しかいませんでした。

だから試合後「僕らの勝利には価値があるんじゃないか」って言うと、「じゃ、おまえ本田圭佑を否定するのか」と言われた。

たしかに本田選手は、ガンバでユースチームへの昇格に失敗して、いちどチャンスが消えたけれど、星稜高校に行って活躍した。それが認められて、プロになったわけです。

だから、スポーツ紙で本田圭佑を否定する監督だと書かれて、ひどく叩かれました。

僕は、別に本田選手を否定したわけではありません。

ただ、本田選手の方法が誰にでも通用するわけでもありません。多くの子供たちにとって本当にいいことなのかといえば、それは違うと思うのです。

それに加えて、試合後に星稜の監督と僕が、二人並んで記者会見をしました。そこで富山第一は地元、地元と言っているが金沢の選手もいるじゃないかと、星稜の監督が言ったために大喧嘩して修羅場になったと書いてありました。

しかし、そんな喧嘩は全くしていません。その時は、星稜の監督と一言もしゃべらなかったんです。

僕は常々、地元の子を大事にする理由を分かってほしい、と思って発言しているのですが、たまに誤解されてしまうこともあります。

地域で子供を見守る

日本では、子供が親から離れて生活することが、美談になってしまう傾向があります。みんなそれを「自立」と言う言葉で包んで、美化しているような気がしてなりません。

しかし、親から離れて生活することが「自立」なのでしょうか。寮に入れて、サッカーをやらせて、勉強もやらせているわけです。ところが、彼らはサッカーや恋愛でうまくいかずに、悩みを抱えても、寮で独りぼっちになって相談できる相手がいないことが多い。寮監の先生に「あいつ悪いことしてんじゃないか」とにらまれてしまうこともあるわけです。

一方で、他の学生を見るとのびのびと自由に暮らしているように見えてしまうんです。

しかも、有望な子をスカウトして寮生活で囲い込む状態が、今、どんどん低年齢化してきています。

子供たちの本当の自立とは何か。あるいは、子供たち一人ひとりにちゃんと目を向けて見守っていくということを、学校や日本の社会が本当に真剣に考えているのか、疑問を抱いています。

イングランドのバーミンガムという街は、東京23区ぐらいの大きさなのですが、42のクラブがあります。いろんなランクのクラブがあって、それぞれに選手を見守る体制ができています。

たとえば、ある子は身体的に成長過程にあって体が小さいので、Aというチームに入るには無理がある。だからBというランクを下げた別のところで試合に出させよう、とか。

チーム間で選手の行き来が頻繁にあるし、クラブどうしの連携がなされていて、子供の状態をちゃんとチェックしているんです。

それがなぜできるのかというと、同じ地域のチームだからです。

結果的に、イングランドでは「昔、天才だったけど今どこ行ったの?」ということがないといいます。

日本では、中学時代に有望だった子が、強豪校に憧れて入ったけれど、監督に嫌われて試合に出られない、あるいは、もっと有能な選手が大勢いるためレギュラーになれない、ということが当然のようにあるわけです。そうすると、高校3年間をムダに過ごさなくてはいけない。

それだったら、たとえば、富山第一に入学したけれど、水橋高校（富山県における、富山第一のライバル高）に行って試合に出られるようにする、などという工夫があれば、もっと子供たちのためになるはずです。

残念ながら、今の高校の制度ではそれはできません。ですから、富山第一ではチームを6つ作って、みんながそれぞれのランクで試合に出られるようにしています。もちろん、上達すれば上のランクにあがっていきます。

そういう意味で、寮に入れて一人で生活させるのが自立ではなく、一人ひとりの悩みや考え方をフォローして、その力にふさわしい対応をとること。そして、子供たちが自分の立場でのびのびと能力が引き出せるようにすることが、大切ではないかと思います。

昔は、「ちゃんと勉強しなきゃダメだぞ」と怒ってくれる近所のおじさんがいたりして、地域で子供たちを育てる環境がありました。しかし、だんだんそういうつながりが、希薄になってきた。

昔みたいに、いろんな人がひとつになって、ちゃんと子供たちを育てるという環境ができればいいな、と思っています。

僕は高校サッカーというフィールドでそれを実現しようとしているので、強さばかりを追求しているわけではありません。

2　自主性を大事にする

最近、スポーツに限らず、教育の現場では、自主性が大事だと言われ続けています。しかし、日本の教育を全体的に見て、実際にそうなっているかといえば、疑問が残るところです。指導者のなかには、子供は大人の言うことを素直に聞いていればいいと考えて、選手の自主性を尊重するということに、そもそも疑問を持っている方もいるかもしれません。

しかし、僕は自分の経験から、人に言われてやらされることほど面白くないものはないと思っています。

それは子供たちも同じ。たとえば親に「勉強しなさい」と言われると「ちぇっ、今からやろうと思ってたのに、そう言われたからやる気なくした」と思うものです。だから、「勉強しなさい」と言うのではなくて、「今日の勉強の後のおやつは何がいい?」とか、そういう言い方をしてください、と僕は親御さんに伝えています。サッカーでも、選手が自主的に考えて練習してこそ、本当の技術は身につくものです。

ここでは、選手の自主性を引き出すために、僕がふだんの練習でどんなことに気を付けているかを紹介します。

もちろんサッカー部員は高校生でもあるので、「試験で赤点を取ったならちゃんと勉強してくれ」と僕は言っています。サッカー中心の生活というよりも、高校生としてどういう時間を使っていくかということを考えて、練習スケジュールを組んでいます。

練習は1時間半

富山第一の練習は1時間半だけです。あとは自主練でやってください、と言っています。

ビデオを見ながら、自分の分析をしてもいいし、ドリブルやシュートの練習をしてもいい。それぞれの弱点を自分で見つけて、それを伸ばす工夫をしてほしいんです。

学校にいる時間が8時間、睡眠も8時間と考えると、1日で残された時間は8時間です。

食事や風呂や自習、学校への登下校などにも3、4時間は必要です。着替えや後片付けなどにも1時間はかかります。

このように引き算をしていくと、共同の練習は1時間半がベストだと考えています。

それに、試合時間も90分、1時間半ですから、試合の時間を体で覚えることができます。

自主練で気をつけたいこと

自主練は自分で考えてやってもらいます。

自分に何が足りないかを考えて、目的意識を持って練習している子は、やっぱりうまくなります。

正直いって、技術の練習はどこでもできます。僕らが練習をいちいち見ていなくても、試合をしっかり見るようにしていれば、個人が、どれだけ良くなっているかというのは分かる。

また、自主練ではゲームに発揮できる技術を磨いてほしいと思っています。よくテクニックとスキルは違うっていわれますが、試合に生かすためには、スキルのほうを磨いてほしいわけです。

イギリスと日本の選手の違いで代表的なのは、日本の選手の方がリフティングが圧倒的にうまいこと。日本の子は、1000回でも2000回でもできるのですが、イギリスでは3、4回しかできない選手がたくさんいます。

ところが、試合中はイギリス人のほうが効果的なスキルを発揮する。

その差は、やっぱり試合に使えるスキルを磨いているかどうかだと思います。

元日本代表のオシム監督が言ったことですが、日本人がコーンを置いてドリブルの練習をしているのを見て「コーンはお前のボール取りに来るのか？」と。

要は、本番で使えるようなスキルを磨いていないということなんです。

やっぱり相手をつけてトレーニングしないと試合には役に立たない。

練習ではそのあたりを意識しています。

練習は極力見ないようにしている

自主練はちゃんと監督が管理し、指導するのかといえば、全くしていません。しないほうがいいと思っています。練習を見ていると、ついつい口を出したくなってしまう。口を出すと、その時点で自主練ではなくなってしまいます。また、「僕はちゃんと練習してますよ」と、わざと見せたりする子も出てきます。

それでは意味がありません。自分を客観視して、自分に足りないものは何か、考えて練習しないと身に付かないのです。

それと、最近は1時間半の練習もできるだけ見ないようにしています。「じゃ、何もやってねーじゃん」と思われるかもしれないですが、じつは今、全国の高校サッカー大会で僕のような50代の監督は、4、5人しかいないのです。30代くらいの、若い監督がすごく多くなっています。

富山第一にも若いコーチがいるのですが、あるとき「もしかして、僕が彼らの芽を摘んでるんじゃないか。本当に優秀な指導者は、後進を育てなくちゃいけないんじゃないか」と思ったのです。

それで、何でもかんでも僕がやっちゃダメだな、と考えるようになりました。

今は、1時間半のメインの練習も、コーチに見てもらうことが多くなっています。

コーチにも個性がある

今、富山第一にはコーチが4人います。

怖いタイプの先生と、体育会系で情熱的な先生、自分の知識を全部伝えたくて一生懸命な先生や、ライバルの高校から来た先生もいます。みんな違った個性を持っています。

僕はその指導を見て、たまに口を出す程度です。

たとえば、自分の知識を全部伝えたい、というコーチが指導していると、教えたいものがいろいろありすぎて子供がいっぱいいっぱいになって、寝てしまったりすることもあります。しかしコーチは、自分が一生懸命になりすぎていて、子供がどうなっているか、どういう状態なのか見えていないことがあります。

そういうときには、僕があとで「5人ぐらい寝てたぞ」などと言って、気づいてもらうようにしています。

もちろん大きな方向性は監督とコーチが一緒に取り組まなければ意味がありませんが、それぞれのコーチが、自分の個性で情熱を持って伝えることも大事なことだと思っています。ただ、自分の考え方を出しすぎたり、選手の状態が見えなくなったりすると、なかなかうまくいかないよ、とは言っています。

3　サッカーとの出会い

ここから、僕のこれまでのサッカー人生についてお話ししましょう。

振り返れば、僕がサッカーを続けてこられたのは、子供のときから、たくさんの人との出会いがあったおかげです。

そういった多くの出会いが、今の監督としての指導スタイルの基盤にもなっています。

柔道少年

実はサッカーを始める前は、柔道を習っていました。

柔道を始めたのは小学校1年生のとき、魚屋だった父の影響です。

魚市場で、父親と仲のいい人がいたのですが、その人が道場の師範だったらしく「子供に柔道習わせろよ」と言われた。

それで「お前行ってこい」ということになったそうです。

僕もやんちゃなところがあって、最初は人を投げるのが楽しかった。

1年から3年まで、富山県のチャンピオンになりました。いま思えば「受け身」など身のこなし方や、力の抜き方など、サッカーにも役に立ったと思います。

道場に通っていたのは水曜日と金曜日だったか、週2回でした。他の日は近所の神社のところに集まって、友達と野球とかボール遊びをしていました。

屋根の上にボールを投げて、誰かの名前を言って、そいつが、落ちてきたボールを取らなきゃいけない、っていう遊びが流行っていました。

ところが、3年生になったとたん、急に遊び仲間がいなくなったんです。

サッカー少年団

「なんでかな?」と思ってたら、実はみんな小学校のサッカー少年団に入っていたんです。

そこの小学校は、当時にしては珍しく、野球部はなくてサッカー部しかありませんでした。それで、みんなと一緒にやりたいということで、サッカーも始めたところ、結構うまくできて、上級生もたじたじするくらいになったんです。

そこの監督だったのが、教頭先生の石金さんという方でした。

石金さんはとても優しい先生で、厳しい指導は全くなし。

いつもニコニコしていたのを、今でも鮮明に覚えています。

先生は練習のときに、作戦を教えてくれるのですが、たとえば、ワンツーで相手を抜いていくとか、ドリブルで自分で抜いていくとか。そういう作戦に、1、2、3と番号をつけるんです。

僕らが自分たちで作戦をチョイスして、「次3で行くぞ！」とかいって、それで相手を負かす。作戦自体は教えられるけれど、その作戦を選ぶのは自分たちだったので、とても新鮮で楽しかった。

冬になると雪が降るので、体育館での練習になるのですが、サッカー部なのに練習がドッジボールだったりしました。

「何でドッジボールやってんの」とは思ったけれど、楽しかった。

あとでわかったことですが、実は、ドッジボールはキーパーを選ぶためにやっていたんです。全員でドッジボールをして、受けるのが一番上手いやつがキーパーになった。

先生はサッカーの経験はなかったそうですが、それでも指導の上手い監督として、とても有名でした。僕が入ったころには、チームを全国大会に出場させるほどになっていました。

僕は5年生のときに、初めて全国大会に出て、9位になりました。

先生は、特に厳しいわけでもないのに、ものすごくチームを強くしたんです。

それでも、まったく偉ぶるところはなく、土日には僕たちを自宅に招いてくれて、カレーライスをごちそうしてくれて、そのまま夜遅くまでトランプをやったりしました。

親子でサッカーにのめりこむ

それで、サッカーしか行かないで、柔道をさぼるようになってしまったんです。

ある日、柔道好きの親父が怒りました。「サッカーやめろ」というのです。

「サッカー楽しいから行きたい」というと、「両方やるんだったら認めてやる」。

それで、午後4時からサッカー、そのまま午後6時から柔道という生活が始まりました。

でも、さすがにこの生活は小学生にはしんどい。母にも「どちらかにしなさい」といわれて、また柔道をサボるようになったのです。

すると、気の短い父は教頭先生のところに怒鳴り込んできたのです（笑）。

「うちの息子、サッカーあきらめさせてください」と。

そうしたら、教頭先生は「一朗君の顔を見てください。あんなに楽しそうにサッカーやっているじゃないですか。続けさせてあげてください」。

この言葉のおかげで、僕はサッカーをやめずに済んだわけです。

それどころか、これがきっかけで、父がサッカーに興味をもつようになりました。

練習をいつも見学して、めちゃめちゃのめりこむようになった。

僕が6年になったときに、その教頭先生は別の小学校に転勤になったのですが、そのあとチームの監督になったのは、なんと、うちの親父でした（笑）。

それからしばらくの間、僕が25歳になるくらいまで、親父が監督をやっていました。

あのとき、親父が教頭先生と話していなかったら、親父もサッカーにのめりこむことはなかっただろうし、もしかしたら、僕もサッカーをやめさせられていたかもしれない。

そしたら、いまでも普通に魚屋をやっていたでしょう。

小学校のサッカー部のほうは、親父が監督になってからは、スパルタ式で、星一徹みたいな感じ（笑）。僕は、そのころ小学校を卒業して、このスパルタには遭わなかったので助かりました。

その教頭先生の転勤先のチームが、親父のチームを倒して県で優勝して、全国大会でもベスト4になっていました。先生は、よっぽど監督としての才能があったのだろうと思います。

ただ、校長先生になって移られたので、そのあとはお仕事が忙しかったようです。

中学時代

中学受験では、付属中学が頭も良いしサッカーも強いというので、スカウトされて受験したのですが、ぜんぜん勉強しなかったから、落ちました。

それで、公立の東部中学に入りました。

そこのサッカー部の顧問の先生が、のちに富山県サッカー協会の会長になられた、渋谷先生という方で、1年のときはクラスの担任の先生でした。

渋谷先生は、厳しくて怖い先生でしたが、一方で、面白くて、ものすごく優しいところもありました。

ある日の朝、学校に行くと、正面玄関でその先生が待っていて、僕の顔を見るなり、「一朗、タバコ買ってきてくれ」と500円玉を渡されたんです。

「その代わり、お釣りでコロッケを買ってきてお前食え」って、みんなが登校しているときに僕だけタバコを買いに行きました（笑）。

よく二日酔いで登校してきて、「赤ちょうちん」っていうあだ名が付いていました。あるときは、授業がはじまっているのに、二日酔いで先生、車の中で寝ていました。それで僕が車まで行って「体育の授業ですよ、先生」って言ったら、「一朗がやってくれ」って言われて、僕が体育の授業やったこともありました。

とはいっても、みんなに「先生、酔っ払って寝てるから、サッカーやろうぜ！」って言って、ワーッて遊ぶだけでしたけれど。

男子全員で掃除をサボったときは、みんな先生に呼ばれて、1回ずつお尻を回し蹴りにされました。でも、僕だけは「どうせお前が言いだしっぺだろ」っていうことで、3回蹴られました。

まあ、今なら問題になっていたかもしれませんが。

ただ、自分が悪いことをしたなあ、すいません、っていう感じで、恐怖するようなひどい体罰ではありませんでした。

部活の練習方法はユニークでした。

「試合終盤になったら、疲れてクタクタになったように見せかけて、相手を油断させろ」とか「常に相手の逆を突くような駆け引きをしろ」とか言われました。

それでもけっこう強かったのです。僕が受験した付属中学を破って、県大会で優勝したこともありました。

子供思いの先生でもあり、試合に勝つと必ずアイスクリームをおごってくれたし、ユニフォームを自前で新調してくれたことも覚えています。

サッカーの指導をするといって僕の家に来たこともありました。

指導の後にお酒を飲んで酔っ払い、わが家の犬を連れ帰ってしまって、翌日、奥様が戻しに来られました。

振り返れば良い時代でした。

高校時代

いま監督をしている富山第一高校に入ったのも、もとはといえば受験に失敗したからでした。

高校受験は、サッカーが強いからっていうので、富山東高校を受けたのですが、落ちて結局、富山第一に入ることになったんです。

正直なところ、受験失敗のショックはあまりなくて、勉強していない自分が悪いな、と思っていました。でも、うちの母親は、恥ずかしいとかかっこ悪いとか言って、嫌がっていました。

富山第一は、入学テストでクラスが分けられます。

僕は東高校には落ちたけれど、富山第一の入学テストでは悪くないほうだったので、特別進学クラスに入りました。

周りは勉強する生徒ばかりで、クラスで運動部に入っていたのは、僕も含めて2人だけでした。そのクラスの友人が、今では製薬会社の会長になって、サッカー部に寄付してくれています。

サッカー部の長峰監督は20代後半で若くて、とても厳しい方でした。

上下関係も厳しくて、1年のときは先輩の衣類の洗濯もしました。

ちょうどこのころは、富山第一が強豪校の仲間入りを果たした時期で、僕が入学する前の年、全国大会に出場していました。

監督はとても熱心で、自分でマイクロバスを運転して、静岡などの強豪校との試合に連れて行ってくれました。他の学校では、三浦知良の兄、泰年とか、永島昭浩、柱谷哲二などが活躍していた頃です。

当時は、練習や試合でものすごく忙しくて、夏も冬も休んだ記憶がありません。

母からは、サッカーだけの生活にならないように、勉強もしなさい、と言われていたので、塾にも通いました。帰宅は毎日夜10時とか11時でした。

くたくたになって、どうしても練習を休みたくて、仮病を使ったこともあります。

それでも、1年のときから試合に出場できました。

同じ学年には赤浜君というライバルがいて、U18の日本代表候補になるほどの注目選手でした。僕は、ひそかに彼の長所を見習って、自分のものにする努力をしました。

そのかいあって、2年のときにユース代表候補に選ばれました。

そのころ、富山県の高校サッカーは、僕が入れなかった東高校と、富山第一が2大強豪校でした。

東高校は手強いライバルだったけれど、僕が高校生だった3年間は、高1、高2、高3と、富山第一が県で優勝しました。

高3のときは東高校との決勝戦で、僕が1点入れて、1対0で優勝したんです。

中学、高校と、受験に失敗したのは挫折ではあるけれど、いま振り返ると、行く道行く道が、そっちのほうが良かったたんじゃないか、って思えるような、そんな道を通ってきた気がします。

法政大学へ

大学はサッカーが強かった法政大学に憧れて、推薦入試を受けました。

法政の場合、一般入試で合格して入っても、サッカー部には入れてもらえませんでした。

サッカー部に入れるのは、推薦を受けた10人だけ。それも、高校生のとき、全国大会でベスト4に入っていないと、合格できなかった。

僕は幸運にも11月に、富山県勢としてはじめて、国体のベスト4に入っていました。

それでも狭き門であることは変わりません。

合格したのは奇跡でした。

サッカー枠が10人のところを、11番目で入りました。

たまたま他の運動部の枠が空いて、その枠をサッカー部が使うことができたんです。


大学では寮生活でしたが、寮のルール作りから、大学の講義、練習の方法にいたるまで、すべてにおいて自主性が重視されていて、とても勉強になりました。

サッカー部では、監督は試合のときに顔を出すだけで、ふだんの練習はキャプテンが指導していました。

各年代に日本代表のメンバーがいるようなチームだったので、レギュラーになることは簡単ではありませんでした。3年生ではじめてレギュラーになり、総理大臣杯で準優勝。

しかし、当時のチームは優勝してもおかしくないほどの実力があったので、準優勝はとても悔しく思いました。

そのころ、司馬遼太郎の『竜馬が行く』を読みました。16歳で竜馬が脱藩したと知って、20歳の自分は何だろう、と考えました。

古河電工に入るも、2年でクビに

大学を卒業すると、実業団の選手として古河電工に入りました。

しかし、古河電工は代表級の選手ばかりで、レギュラーになれず、結局、2年で戦力外通告を受けました。

その頃の古河電工（今のジェフユナイテッド）には、ドイツから帰国したスーパースター・奥寺康彦さんや、元日本代表監督の岡田武史さんがいました。

岡田さんは同期ですが、少しおっちょこちょいなところがあります。

あるとき、富山のサッカー教室に来て、子供たちにユニフォームをあげたりしたあと、彼がシャワーを浴びたいというので、一緒に掛尾のサウナに入りました。飛行機の出発まであまり時間が無かったので、サウナを出たあと、急いで飛行場に行ったのですが、そこで「一朗、大事なもの忘れた！」というんです。見たら、上にスーツを着て、革靴を履いているのに、下がサッカーパンツ。スラックスをはき忘れていた。そのまま飛行機に飛び乗って、電車で鎌倉の自宅まで帰ったそうです。

古河電工では、朝、横浜から本社に出社して、9時から12時まで仕事、そのあと横浜に戻って、午後2時から4時、5時まで練習して、帰宅するという毎日でした。

もちろん、土日にはリーグ戦があります。

サッカー部は25人いましたが、優秀な選手が多くて、一度も公式戦には出られませんでした。スタンドで観戦することが多かったですね。

結局、2年目のシーズンが終わるときに、クビになりました。

4　サッカー観を変えた海外の日々

イングランドへ「自分探しの旅」

「サラリーマンになるか、家に帰って家業を継ぐか、選択をしてくれ」

古河電工をクビになるとき、監督にこう言われました。

僕は「いや、まだちょっと、サッカーをやりきってない」と伝えたのですが、

「いやいや、お前のために、そっちのほうがいい」と宣告されてしまったんです。

今なら、他の会社のサッカー部に移籍することもできますが、当時は企業の看板を背負っている時代でしたから、簡単に移籍など口にできない雰囲気でした。

正直言って、自分の好きなサッカーを人からやめろと言われるのはすごく腹立たしかったし、納得のいかないことでした。

サッカーばかりやってきた人生なのに、急に「やめろ」と言われてしまった。

それで「自分はどんな人間か」ということを改めて考えるようになったわけです。

「本当の自分はどうなんだろう」と確かめてみたくなりました。

昔から海外への憧れもあったので、少しの間、海外に行ってみようかな、と思うようになりました。そんな動機でしたから、海外でサッカーをするつもりは全くあ

りませんでした。

そこで「自分探しの旅に出たい」と父に言ったのですが、反対されました。「魚屋に英語はいらねえよ」

なんとか親を納得させるような説明をしないといけなかったので、本当はもうサッカーをやる気はなかったけれど「サッカー指導の勉強を海外でして、それを富山に生かしたい」と嘘をついたんです。

本当はアメリカに行きたいと思っていたんですが、アメリカはサッカーが盛んではないから、サッカーの勉強をする、という理屈は通らない。それで、イギリスに行くと決めたわけです。

「イギリスに行きたい」と、古河電工の部長だった小倉純二さん（今の名誉会長。以前は古河電工のロンドン支店長だった）に伝えたら、ロンドンを紹介してくれることになりました。ホームステイ先とか、語学学校の手はずとか、すべて整えてくださいました。

親父にはそれでも「ダメや」と言われていたのですが、結局、おじいちゃんの「行かしてやれよ」という一言で、行けるようになったんです。

おじいちゃんは海外を100カ国ぐらい回った人でした。2カ月かけて南極に行ったり、マダガスカル島でピグミー族と過ごしたりするなど、当時の人間としてはかなり珍しい経験をしていました。お土産に、木のブーメランをもらったこともあります。

おじいちゃんは、自分も海外旅行が好きだということがあって「行かしてやれよ」って言ってくれたんです。

サッカーを楽しむ人々

ロンドンでは、最初は語学学校に通ったり、バイトしたりしながら過ごしていました。

語学学校は、だいたい少人数制で、1クラスが7、8人だけ。イタリア人、スペイン人が多く、日本人は1人いるかいないかでした。

クラスが始まってから1カ月ぐらい経ったころ、イタリア人の友達からサッカー観戦に誘われました。

ウェンブリーという10万人が入るスタジアムで、イングランド対イタリアの親善試合がある、お前も好きなら一緒に行こう、と。

そこで試合を見て、衝撃を受けました。

そのころの日本はまだＪリーグがなく、サッカー自体それほど人気がありませんでした。

実業団の強豪だった日産対古河電工の試合でも、観客はわずか５００人。ガラガラの国立競技場でサッカーをやっていたんです。

それが、ウェンブリーでは10万人。圧倒されました。

何よりみんな、わいわいがやがや、楽しく観戦していたんです。

僕は、クビになる寸前は義務感でサッカーをやっていたのに、ここでは全く違った。

もちろん選手たちは国の誇りをかけて、全力を尽くしてはいるけれど、見ているほうもやっているほうも「すごく楽しそうだな、いいなあ」と感じたんです。

衝撃的な体験でした。

それで「サッカー面白いな」と思い直して、イングランドのアマチュアチームに入ることにしました。


そこでプレーしていたある日のこと。メンバーから、「ベテランチームの人が足りない、助けてくれ」と言われました。行ってみたところ、ディフェンダーが50代で、キーパーは65歳。それで高校生のチームと試合をするのだそうです。「はあ？ 大丈夫かな」と思いました。

ところが、試合をしてみると、なんと9対0で勝利。ハゲの爺さんがヘディングを決めるんです。

試合中、ちょっとでもミスをすると「おまえ、何やってんだ！」と爺さんたちから本気で怒られました。でも、試合が終わると「いやー、あのプレー良かったぞ」とほめてくれた。

よく聞いたら、その爺さんはローマオリンピックのときの、イングランド代表選手だったんです。60、70歳になっても、サッカーを楽しんで、しかも強い。

僕は好きなサッカーを25歳でやめようと思っていました。

ところがこの人たちは、人生の最後までサッカーを楽しんでいる。その姿に触発されて、僕も、いつまでもサッカーを楽しむ人生を送りたいな、と。

そのときに、僕はこういう文化を、日本の子供たちに伝える義務があるんじゃないか、と思ったんです。

怒られて、やらされて、好きなものもやめさせられて。

そういうことがないようにしたい。

ここではじめて、サッカーの指導について勉強しようと思いました。

指導者を目指す

指導者になるために、まず、インターナショナル・ライセンスコースに入ることにしました。

そこは、イングランドのサッカーを学ぶために、アフリカやアメリカなど、世界各国からコーチが来ているところでした。

そのころ日本では、コーチの免許を取得するために、12分間で3000mを走って、リフティングを100回、さらに小論文を朝3時、4時まで書かないといけませんでした。

そうやってちゃんと免許を取ったコーチでも、子供たちを怒鳴ったり蹴ったりしていた。

日本がそんな時代のころ、イギリスでは、指導法を本当に丁寧に教えていたんです。

「必ず選手と違う色のシャツを着ましょう」

「始める前に子供たちの健康状態を確認しましょう」等々。

また、指導案を書いて、その指導案のキー・ファクターを、子供たちにしっかりと伝えるんです。

たとえば「シュートの改善」という課題があったとしたら、キー・ファクターは、「ボールを見て、キーパーを見て、最後にまたボールを見て、蹴る」、「立ち足をちゃんとボールの横に置く」、「低い球で、ゴールの隅を狙う」などです。

折本光司
「自己受容」
世の中が悪いのか？
自分が悪いのか？
世の中の問題も、自分の問題も、家庭の問題も、
あらゆる問題の原因は一つです。
それは自分を受け入れていないこと……。
だから、「自己受容」がすべてを解決します。

「自己受容」　世の中が悪いのか？

自分が悪いのか？　　折本光司

「自分に自信がありますか？」「自分のことがこれで良いと思えますか？」

　私がセミナーなどでこのように聞くと、多くの人がＮＯと答えます。

「では、どのようになりたいですか？」と聞くと、「もっとしっかり勉強したいです」「もっと他人から認められたいです」

だいたいこのような答えが返ってきます。…

　勉強すれば、納得できる自分になれるでしょうか？　他者から認められれば、自分の自信になるのでしょうか？　ここが問題です。

　勉強といっても、経済の勉強、資格の取得などいろいろです。たとえ資格を取得できても、 それが実践され生かされていないと、次から次へと勉強の科目が増え、一向に自信を得ることはできません。

　また、他者から認められるという点では、たとえば、三人の上司がいたとして、そのうちの一人は認めてくれたとしても、残りの二人は認めてくれないかもしれません。「あとの二人も認めてくれなければ気が済まない」といって頑張ってみても、世の中そんなに簡単ではありません。どんなに頑張っても、認められない自分が、グルグルと永遠のループを回ることになるかもしれません。（本文より）

「自己受容」とは、ダメな自分を含めて、ありのままの自分を受け入れること。職場でのコミュニケーション、威圧的な上司、ヒステリックな親、言うことを聞かない子供、自分をわかってくれないパートナー、空気が読めない他人、借金、学歴競争、満員電車、昔のトラウマ――ストレスあふれる現代社会で、言いたいことを我慢し、イイ人を演じて余裕をなくしてしまっていないだろうか？　頑張らないといけないのに頑張れず、自己嫌悪に陥っていないだろうか？　意識について独自の理論を構築したカウンセラーが、現代人の「こころ」の秘密を解き明かす。

（税込1650円）※電子版のみの販売となります。

家事・子育て・老後まで楽しい家づくり
豊かに暮らす「間取りと収納」

宇津崎せつ子

　みなさんが家を建てる、リフォームをする目的は何でしょうか？

「何のために」「誰のために」そして「どうしたいから」家が必要なのでしょうか？

１０組の家族がいれば１０組それぞれ違いますし、ご家族一人ひとりでも家づくりへの思いや考えは違うかもしれません。

　でも、それぞれの思いや考えが、家づくりの核になるということは共通。だからこそ、家づくりをはじめる前に、最初に考えることが大切なのです。

　それなのにマイホームの完成がゴールになってしまっている方が多くいらっしゃるように思います。本来は、その先の“暮らし”がゴールなんです。設計士や工務店・ハウスメーカーどれであっても、家を建てるプロです。家づくりのプロはたくさんいます。その人たちに頼めばかっこいい家・おしゃれな家はできるでしょう。

　でもあなた方ご家族に合った暮らしづくりのプロではないんです。ましてやあなた方の“豊かさ”や“幸せ”が何なのかを、解き明かして導いてくれるプロではありません。（本文より）

　建設に携わる両親のもと、幼いころから住宅づくりの環境で育ち、現在一級建築士として働いている著者は、「住育の家」（住む人の幸せを育む家）というコンセプトを掲げる。間取りから家を考えるのではなく、自分や家族の「幸せの価値基準」から家をつくっていく。数々の実例とともに、収納のコツ、風水のポイントなども紹介。（税込1760円、224頁）

トレーニングをするなかで、ミスがあったら、いったん練習を止める。そして「やってみせる」、「やらせてみる」、「本番をやる」という手順を踏んで、指導していく。そういったコーチング法を、1カ月まるまる、ナショナルスポーツセンターに入って、寝食をともにしながら、教えてもらいました。

アローズ北陸でコーチ兼選手

約1年間のイングランドでの生活を終えて、日本に帰ってきたのは、1990年の秋。

僕にとって、非常にいいタイミングの帰国でした。

というのは、北陸電力のサッカー部が、この年の4月に創部されていたんです。しかも、そこの監督だったのが、古河電工の先輩の小林さんという方でした。

その小林さんが、僕に「コーチできてくれないか」と誘ってくれた。

こういうわけで、帰国後すぐ、北陸電力サッカー部（アローズ北陸）の選手兼コーチになれたんです。

アローズ北陸の選手は、北陸電力の仕事もしていました。

午後5時まで仕事で、6時から練習。

僕は社員ではありませんでしたが、朝、市場で父の手伝いをしていました。

朝4、5時には起きて、12時まで仕事。少し休んで、午後4、5時にはグラウンドに行く。家に帰ってくるのは9時、10時。そういう生活がほとんど休みなしで365日続きました。

当時はバブルでしたから、北陸電力でも3億円で寮を作ったり、何千万円も使って、芝生の練習場を用意したりしていました。

アローズ北陸は設立当初、社員の同好会のようなチームで、実業団のトップリーグに昇格するレベルではありませんでした。

それが2年目から3年目には、新しく大卒高卒の選手を積極的に採用して、どんどん強くなっていった。社会人大会で、全国2位にまでなったこともあります。

同じリーグにライバルのＹＫＫがいました。ＹＫＫはファスナーの生産で有名な、富山発祥の会社です。ブラジル人選手もいて、かなり強いチームでした。

北陸電力は、若い選手が大卒、高卒で入ってきているチームでしたが、ＹＫＫと切磋琢磨しながら、成長していったんです。

ちなみに、最終的にはその二つのチームが一つになって、今のカターレ富山ができました。

振り返ってみると、よく体がもったな、と思います。

忙しくて、日々があっという間に過ぎていきました。

それを9年間続けたのですが、そのころには、バブルが弾けて会社もサッカー部を続けられなくなってきました。

アローズ北陸を退部

僕が北陸電力にいる間に、Ｊリーグと、ＪＦＬができました。ＪＦＬは、要は、アマチュア最高峰の日本リーグです。北陸電力はＹＫＫより先にＪＦＬに昇格したのですが、ちょうどそのころ、僕は退部しました。

それまで僕は、選手兼コーチでやっていました。

しかし、その時「若手を育てるために、コーチ専任でやってくれ」と言われてしまいました。僕としては、まだ選手をやりたかった。

好きなサッカーを、人にやめさせられるということが、どうしても納得できずに、結局、退部したんです。

「若手を育てるために」と言うけれど、「その若手より自分のほうがいいのにな」と思いながら見る試合は、辛かったですね。

ひとつ上のライセンスを取得

北陸電力をやめたとき35歳でしたが、その歳になって、なんとなく「もっと勉強したいな」と思うようになりました。

そこで、自分が以前イングランドで取得したインターナショナル・ライセンスの上のランクはないかとインターネットで検索したところ、僕にはＵＥＦＡの「Ａ」

というライセンスを取る資格があるのが分かりました。

「だったら取りに行こう」ということで、再びイングランドに行きました。

イングランドに2週間滞在して講義を受けて、帰ってきて、また2週間行って帰ってきて、を繰り返して、足掛け3年で取得しました。２００4年のことです。

そのころはずっと、実家の手伝いもしていました。

家業は、いずれ自分が継がなきゃならないかな、とは思っていましたけれど、まだ35歳ですし、親父も60前で元気でしたから、先のことはまだまだ分からないな、とも思っていました。

ライセンスを取得したときに、新潟にいる後輩が「シンガポールのチームで監督をやったらいいんじゃないですか、英語で免許を取ってきたんだし」と言ってくれた。

それで僕も「やってみたいな、海外で」と、すぐに決めて、シンガポールに行くことにしました。

アルビレックス新潟シンガポールの監督として

2004年、プロの監督としてシンガポールに赴任しました。

シンガポールとはいっても、率いるのは現地のチームではなく、アルビレックス新潟のシンガポールチームです。当時、シンガポールは自国のリーグを強化するために、外国のクラブを招待して、現地で戦わせていたんです。

それまでは本業があったので、コーチはアルバイトのような感じでやっていました。

シンガポールで初めて、プロの監督として、サッカーだけでお金をいただくことになったんです。

親父には何というべきか、考えていましたが、もうそのころにはあきらめていたようです。「もうコイツはしょうがないな」と思っていたんじゃないでしょうか。

富山では新聞に大きく載って、記者会見も開かれました。会社として、富山県サッカー協会として大々的に僕を送り出す、みたいな雰囲気になっていました。

シンガポールは国土が狭くて、東京23区ぐらいの大きさしかありません。

それでもワールドカップに出場するために、プロのリーグを強化しようとしていました。

そのために、外国のチームを招待して、リーグの活性化を図ろうというプロジェクトが立ち上がったんです。日本からはアルビレックス新潟が参加しました。その他の国では、カメルーン、中国、韓国、ブルネイのチームも参加していました。

海外からの5チームと、シンガポール地域の5チームで、計10チームのリーグ戦。アルビレックスは、1年目は大橋さんという方が監督をしていて、6位でした。

それを受けて僕が2年目をやるのですが、はじめてプロの監督です。

最初の記者会見では、僕も多少は英語をしゃべれるものですから、通訳は要りませんと言って、一人で臨みました。なんとなく僕のイメージでは、あたたかく迎え入れてくれるんだろうと思っていたら、全然そうではありませんでした。

まず「ターゲットは何だ?」って聞かれました。

「ターゲットはもちろん優勝だ」と答えたところ、ある記者が「去年が6位で、あんたが来ただけで、何ですぐ優勝できるんだ? しかもはじめてのプロ監督で。優勝できるっていう根拠は何だ」と、言いはじめたんです。

だいたい、最初の会見ではみんな大きな目標を掲げるのが普通です。だから「単に僕は自信がある。ターゲットを高く置くのはあたりまえだろ」と答えたんです。

そしたら向こうは、「分かった」と。

「目標が高いのはいい。じゃあ、あなたがシーズン終了後に、目標を達成できなかったらどう責任を取るのか」

「それは、社長とチームが、どうするかを決めることであって、僕は分かりません。たぶん、もし成績が悪かったら、僕をクビにするでしょ」

翌日、新聞の一面に、こう書いてありました。

「大塚、優勝orハラキリ」

なんでハラキリという表現になったのか分かりませんが「ちゃんと通訳をつけておけばよかった」と思いました（笑）。

5試合勝利なし→9連勝

そうしてシーズンが始まったのですが、5試合連続して勝てませんでした。

それで僕は「みんな、勝てないときどうすんのかな」と思って、本を読んだんです。

すると、イングランドのチームでやっていたという、面白い方法を発見しました。

「勝てない時期には、『これをやったら勝てる』というアイデアを、選手一人にひとつだけ提案させる。それを監督が、可能な限り取り入れる」

監督1年目だし、「何でもやってやれ」と思って、ミーティングを開いて、こう言ったんです。

「いま、勝ててない。だから、自分たちが、これをやったら勝てる、これをやったら今の窮地から脱出できる、そういう案を、一人一個提案してくれ」

すると、なかには「食い物がまずすぎる。ステーキがほしい」という意見もありました。

それで僕は「わかった」と。

毎回、試合の次の日は休みにしているのですが、休み明けの練習では、4対4のミニゲームをしていました。そこで、そのミニゲームで優勝した4人に、僕がステーキ・ランチをおごることにしたんです。

それで良かったのは、ついでにその4人と面談できたことです。

「最近どうや」

「あいつ、遠距離で彼女と別れて、落ち込んでますよ」とか。

そんな中で、一番びっくりしたのが「ビーチサンダルで練習に来させてくれ」という意見でした。

なんじゃそりゃ！　と思いました。というのも、宿舎から歩いて5分ちょっとの練習場に来るのに、僕は「靴と、靴下は履いてこいや」「どんな怪我があるか分からないし、足は、お前たちの大事な資本だから」と言っていたのです。

それが、なんでビーチサンダルだ?

しかし、その選手によく聞いてみたら、疑問は解決しました。

シンガポールでは、昼間は暑すぎるから、朝の8時から10時に練習していたんです。

それでも暑いから、コンディションを整えるには、体を冷やさないといけない。

体を冷やすには、練習が終わったあと、すぐプールに入るのが一番いい。

ただし、ビーチサンダルじゃないとプールに入れてくれなかったわけです。

「大塚さん、シンガポール暑いですよね。練習終わってすぐにクールダウンできるように、ビーチサンダルで来たい」というんです。

「そうか、わかった。その代わりケガしても、自己責任だぞ」

そう言って、ビーチサンダルで練習に来るのを許可しました。

そういうコミュニケーションを取り始めてから、なんと9連勝したんです。

ビーチサンダルが良かったのかどうかは分かりませんけど、やっぱり、コミュニケーションを取って、一人ひとりの意見を聞いてやる姿勢が大事なんだな、と実感しました。

たとえば、そのビーチサンダルを履かせることで「ケガしちゃいけないな」とか、「これ、監督が許可してくれたんだから、試合でがんばんなきゃいけないいな」とか、責任感も出てくるんだと思います。

国際色豊かな選手たちの活躍

シンガポールのチームには、ハーフの子もいました。

おもしろいなと思ったのが、エースの子が、イングランド、日本、カナダのパスポートを持っていたこと。国籍が3つあるんです。イギリスと日本のハーフなんですが、生まれてから3年、カナダにいたことがあるらしい。

彼は、最初は東京ヴェルディに行っていました。ただ、やっぱり日本語が難しくて、監督の言っていることが分からなかったそうです。「ただ怒鳴られているだけで、全然分かんないので、シンガポールに来たんですよ」とのこと。

僕はちょっと英語もしゃべれるので、彼とはなんとなく理解が深まりました。

結局、彼はその年に得点ランキングで2位になって、別のチームにスカウトされました。

そのあとカナダに行って、カナダ代表にもなったんです。

インドと日本のハーフもいました。

山口県出身で、幼いころ、インド人のお父さんと別れてしまった。

それで、英語の先生だったお母さんの手ひとつで育てられたそうです。

彼は自分のルーツがインドだっていうことをまったく気にしていなかったのですが、シンガポールにはインド人社会があるので、そこの新聞が取材に来たのです。

「小さいころにインド人の父親と別れて、一生懸命がんばってます」と取材で答えたら、それが記事になり、人気が出るようになりました。その後、インドリーグで受け入れてくれるっていうチームが出てきて、そこに行って、大活躍しました。

やがてインド代表選手になって、美女セラピストと結婚したそうです。

ほかにも、メジャーじゃなくてマイナーなところに行きたいというので、ウクライナとか、アゼルバイジャンとか、日本人選手だったらふつうは興味を示さないようなリーグを、選手として渡り歩いた子もいます。

また、ドイツに行った教え子は、ヴィッセル神戸のポドルスキの通訳をやっています。

滋賀の近江高校の監督もシンガポール時代の教え子です。

シンガポール時代の教え子たちの活躍は、本当にすごい。

だから、彼らの存在は、僕にとっていい財産になっています。

シンガポールの不思議な文化

最初は、シンガポールでの僕の評判は散々でしたが、不思議なことに、徐々に人気が出てきたんです。シーズンの最後、表彰式があるんですが、僕は最優秀監督賞にノミネートされました。そのころにはマスコミもそんなに言わなくなったので、ハラキリは免れました。

試合の組み方なども、シンガポールは全然違っていました。

全部で10チームあるので、一度やれば5試合になるのですが、それを、同じ日にはやらないんです。毎日、午後8時キックオフで、月曜日1試合、火曜日1試合と、月から金で1試合ずつ行われる。だから、今週は金曜日に試合があって、次の週は火曜日に試合がある場合などは、コンディションを整えるのが難しい。

「何でそんなことするんだ、変わってんなあ」と思って、いろいろと聞いてみたところ、答えはこういうことでした。

シンガポールは賭け事が盛んで、サッカーも賭けの対象になっているんです。月曜日から金曜日まで、1試合ずつあると、毎日賭け事ができる。

「じゃあなんで土日はやらないんだ」と聞くと、土日はイングランドの試合で賭けるというんです。

外国に行ったら、日本では考えられないような文化がある。

「すっげえな、面白いな」と思いました。

父の病気で帰国

僕は次の年も引き続き監督をやりましたが、2年目のリーグでもっとも難しかったのは、前年に鍛え上げてきた選手たちが、総入れ替えになってしまったことでした。

そうすると、またイチからやり直さないといけない。

前年と同じように取り組んだのですが、やっぱり最初は良くなくて、徐々に良くなっていく、というパターンでした。結局5位で、前年と同じ成績だったんです。

成績こそ出ませんでしたが、あの2年間は楽しかった。

それに、1年目2年目に教えた子たちが、そうやって巣立っていってくれたのが、何よりも僕の財産になっています。

僕はこのまま何年でもシンガポールにいるつもりでした。

しかし、2年目のシーズンの途中で、父が肺がんになったという連絡が入りました。

それで、試合が終わったあと、すぐに日本に飛んだんです。

富山の日赤病院に行ったら、ピンポン玉ぐらいの肺がんがあると言われて「もう、確率的には助からないでしょう」という話でした。

結局、2年目のシーズンが終了したら、富山に帰ることになったんです。

ところが、手術してがんを切除したら、なんのことはない、今でも健在で、ピンピンしています。

いま思えば、富山第一のコーチになる運命だったのかもしれません。

5　富山第一高校へ

母校のコーチに

手術後、父のガンは無事治りましたが、僕は富山にいても教えるところがありません。

今までどおり魚屋の手伝いもしながら、1年くらい、日本サッカー協会の北信越担当として、地域の人材発掘のようなことをやっていました。U12、U15、U18のカテゴリーの、いい選手をピックアップして、指導したり合宿をしたりする仕事です。

そういう生活をしながら、どこかサッカーをもっと本格的に教えられるところはあるかな、と思って探していました。

そんなときに、富山第一から僕に声がかかりました。

もともと富山第一にはウルグアイ人のコーチがいたのですが、そのコーチがすでに15年ぐらいやっていて、70歳を超えていました。そろそろ新しいコーチに変わったほうがいいということで、代わりに僕が入ったんです。2008年のことでした。

1999年と2000年に選手権でベスト4に入るなど、すでに強豪ではあった富山第一ですが、僕が就任した頃はやや成績が低迷していました。

2001年以降は、選手権に出場しても1勝もできない状態が続いていました。

問題を分析

富山第一のコーチになって、まず、ウルグアイのコーチのときに何が起こっていたのかを、自分なりに分析しました。

すると、要は言葉が分からなくて、コミュニケーションが十分に取れていなかったんです。最初のころは通訳がついていたのですが「長いこというからもう分かるだろ」ということで、その頃には外されていた。ところが、選手のほうは毎年新しくなりますから、片言の日本語に慣れて理解できるまでに時間がかかるんです。結局、何言っているか分からないという子が、大半だったんです。

僕が入った2008年度は、インターハイは2勝したのですが、選手権は一回戦で負けました。敗因を探ってみると、やっぱりコミュニケーションが足りなかったんです。だから、選手が何を考えているか、一人ひとり面接してつかもうとしました。気づいたのは、インターハイが終わると、3年生の多くがやめていくということでした。

表向きの理由は受験のためですが、受験と称して、要は楽しくなかったんです。あと、自分はどうせ選手権のメンバーに入れないだろうと予想して、やめていくわけです。

せっかく富山第一に入ってきたのに、選手権に出ることだけが目標になっている。

部員が50人ぐらいいても、メンバーに入るのは25人だけ。それ以外の子には、何のサービスも提供されないというなら、こんなに悲しいことはない。

僕の原点は、そういう子たちをなくしたいと思ったことじゃないか。だから、試合に勝つ、負けるとかよりも、この子たちにどういうサービスができるのか、

この子たちに、サッカー楽しいな、続けたいなと思わせるには、どうすればいいかということを、まず考えました。

海外遠征

そこで、僕の強みでサッカーを楽しくさせる方法は、やっぱり海外遠征かな、と思ったんです。

僕が感じた思いを、子供たちにも感じさせたい。それには、イングランドに連れて行くのが一番だと。もしメンバーに入れなくても、

「高校生のときに、俺、イングランドに行って、10万人のスタジアムで、サッカー見たぜ」

とか、あるいは、

「おれ、下手だったけど、イングランドの強豪チームのユースと試合したことあるんだぜ」とか、そういう経験は生涯の思い出として残るし、自慢になるわけです。

もちろん、海外遠征にはそれなりの費用がかかります。

目を付けたのは、ちょうどそのころには修学旅行がなかったことです。そのころは、9・11の影響で、ほとんどの高校が修学旅行を取りやめていました。

それなら、入学したときから、1カ月に1万円積み立てていけば、2年で24万た

まるから、あとプラスアルファで、海外に行ける。そう考えて、父母に相談したところ、やっぱり最初は反対されました。

「そんな高い費用払うくらいだったら、東京に行って、強豪校と試合したほうがいいんじゃないか」という意見もありました。

それでも、いろいろと根回しをしながら、

「わかりました。希望者で行きましょう」と言ったんです。

そしたら、全員「行きます」って。

そのころ、2学年で部員が50人くらいいたんですが、その50人が、全員で行くことになったんです。

行ったら行ったで、「あんなに楽しく話してくれたのははじめてだ」と言って、父兄に喜んでいただきました。

ウェンブリーで試合を見て、同じ年代のプロのユースチームとも試合をしました。

イギリス人が、英語でコーチしてくれたり、トレーニングを見てくれたり。

また、「昼飯、自分たちで買って」と言ったけれど、マックに入っても、ハンバーガーさえ注文できない。

それでも、なんとか頑張って、コーヒーを注文したり、自分に合ったサイズのシューズを、英語でしゃべって購入したりしたんです。

それで本人たちは、「英語って大事だな」と思うんでしょうね。

その後、外語大に入学した生徒もいますし、留学した生徒もいます。

サッカー部に誇りをもつ

もうひとつ、何のためにサッカー部に入るのかというと、試合が楽しいからです。

日本サッカー協会の規定では、同じ高校でもリーグ戦に複数のチームを出すことができます。そこで、富山第一ではチームを4つつくったんです。

要は、1軍、2軍、3軍、4軍。

この4チームが1年間で必ず一度は公式戦に出られるようにしました。

もちろん、頑張れば上のカテゴリーに上がることができます。

また新学期には、「ダイヤモンドナイン」を作ってもらうようにしました(写真1)。

写真１　大塚監督とダイヤモンドナインの図

この９つの言葉は、年度初めに、子供たち自身が選んだものです。

日本一になるためには、何が必要か。子供たちが話し合って９つの言葉を選びます。

まずは、各学年入り混じったグループに分けて、それぞれのグループで、ダイヤモンドナインを作成。それをプレゼンして、挙手でいちばん評価の良かったものを、チームのダイヤモンドナインにします。それを一年間、グラウンドに張るんです。

あと、このサッカー部に誇りを持ちたいということで、マークを作って、そのマークに「ＴＨＩＳ ＩＳ ＴＯＭＩＣ

写真２

ＨＩ」という言葉をつけました（図２左）。

　これは、リヴァプールのやり方を見習ったんです。

　リヴァプールのスタジアムは、地元の人たちの聖地になっている場所ですが、その入り口の壁に、マークと「ＴＨＩＳ　ＩＳ　ＡＮＦＩＥＬＤ」という文字が書かれています（79頁写真）。

「お前たちは11人だけじゃない。ＯＢや近所や親戚をはじめとした、５万人近い観客が応援してるんだぞ」という意味です。

　選手は、それにタッチしてから、試合に出ていく。

　だから、僕たちもそのマークを、グラウンドの横のクラブハウスに張って、公式戦では、それにタッチして出て行くようにしています（図２左）。

このマークのなかには、学校の校章や、校訓の「剛健」という意味の英語も入れています。

「このサッカー部にいてよかった」

「次また大学に行ってサッカーやりたい」

「俺は真剣にやるのは嫌だけど、女の子とフットサルをやりたい」

あるいは、「審判になりたい」

また、僕のように「コーチになりたい」などなど。

サッカーが一生付き合っていける、楽しいものだということを、子供たちに感じてもらいたいなと思って取り組んでいます。

だから、「やっと苦しい3年間が、終わった」というような、燃え尽き症候群になってほしくないんです。

これらに取り組んでから、ほとんどやめる子はいなくなりました。

部員も、当時は3学年合わせて50人くらいだったのに、いまは１４０人います。

アンフィールド

THIS IS ANFIELD

YOU'LL NEVER WALK ALONE

6 試合戦術と練習法

富山第一のサッカーは、バルセロナのような、どこまでもパスをつないでいくサッカーではなく、どちらかというと、高い位置でボールを奪って、すばやく攻撃に移る、カウンター主体のサッカーです。

ただ、ひとつの戦術にこだわるのではなく、選手の特長に合わせて戦術を選ぶことが大事だと思っています。また、選手たちが自分で、臨機応変に戦い方を変える力をもっていることも重要です。

練習でも、常に足を動かして、実践的な練習を行うことにしています。ふだんの練習は時間が限られているので、試合中のように、動きのなかで技術を磨いていきます。

ここでは、富山第一の試合戦術と練習法について紹介したいと思います。

駆け引きの必要性

大都市圏のチームと比べると、やはり僕たちは田舎者で弱いので、勝つためにはクレバーな駆け引きをしないといけません。

だから、相手が準備できてない、立ち上がりに叩くとか、ゲリラ戦法みたいなこともしています。点を取ったら引きこもって守備をすることもあります。状況によっては、逆にがんがん攻めていくこともあります。

たとえば、点を取った直後は、相手のキックオフになるけれど、そこで「相手に5本パスをつなげさせない」というルールを決めています。5本以内で相手からボールを奪う、という意識を徹底しています。

なぜなら、やっぱり点を取ったときはホッとするんです。すると、どうしても受身になってしまう。だから、相手が落ちこんでいるあいだに、ボールを奪ってまた攻撃するようにしています。

臨機応変に戦う

いつも90分間同じ戦いをするのではなく、点差、相手の特徴、天候・風向きなども考えて、戦い方を変えていきます。

たとえば、雨の日だったらボールが動かないので、ショートパスよりも、長いボールを相手の陣地に送りこむほうがいい。とはいえ、雨が降っても水たまりがなくて、逆にボールが走る場合もあります。そういうときは、細かくつないでいく場合もあるでしょう。

試合は生き物みたいなものですから、そのときの状況で、何が一番いい選択肢かを瞬時に判断しないといけません。そのためにも、ふだんの練習で自主性を培うのが大事です。

試合中の細かな判断については、監督の指示よりも、それぞれの選手の判断が重要になります。選手が自分で判断して瞬時に行動できるチームこそ、強いチームではないかと思います。

よく「流れをつかむ」とか「勢いが増す」とか言いますが、流れや勢いは自然に来るわけではなくて、自分たちでつかむものなんです。

流れをつかむために、いま何をしなきゃいけないか。その判断が大事です。

それを、僕たちは「ゲームをつくる」と言っています。

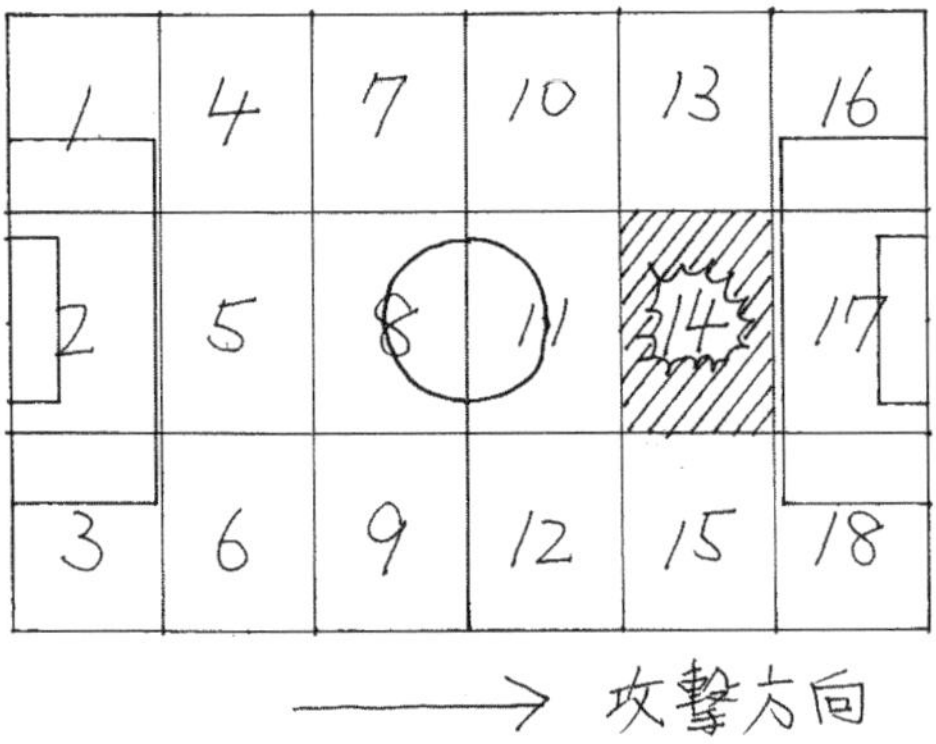

図3　14ゾーン

ただ、やみくもに走って蹴っているだけでは、試合に勝つことは難しい。

14ゾーンを支配する

コートを18等分したときの14番目のゾーンのことを、14ゾーンといいます（図3）。

イングランドの研究で、すべての得点パターンを調べたところ、9割近くの得点が、ボールがここを通過して入っていることがわかったのです。

だから、この14ゾーンをいかに攻めるか、いかにここを通過させて攻撃をする

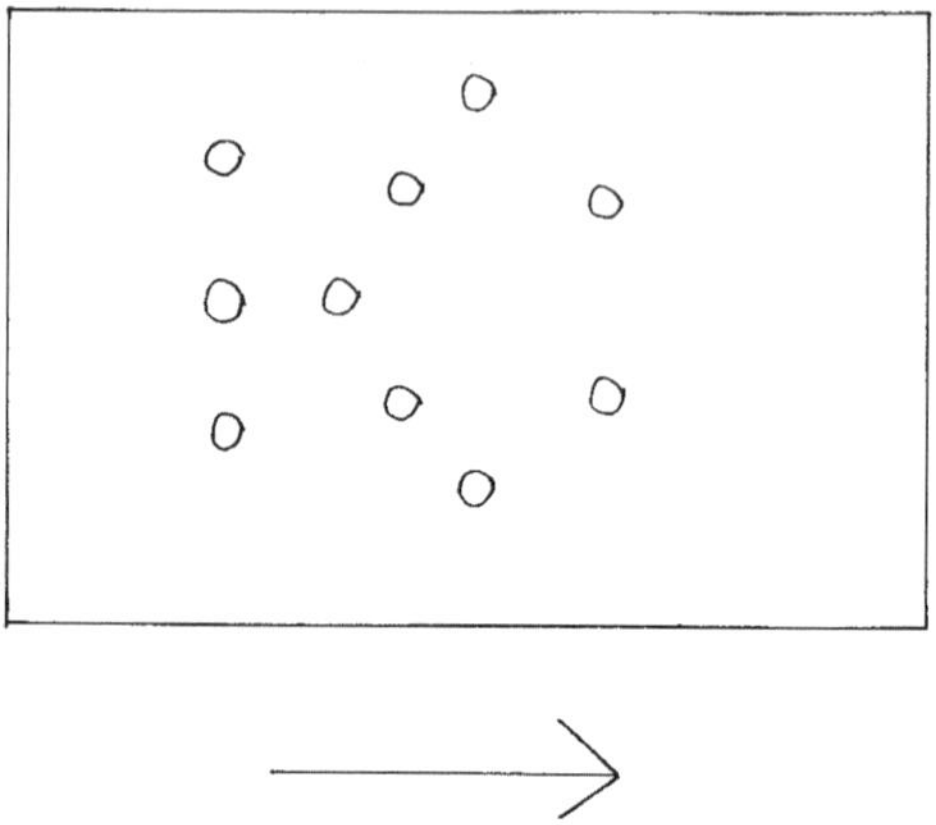

図4　3-5-2

かを練習では意識しています。

逆に言うと、守備はここを固めることにしています。

だから、14ゾーンを守るために、普通だったら4-4-2とするところを、僕たちは3-5-2でやっているんです（図4）。

14ゾーンは、いわゆるバイタルエリアと近い意味ですが、バイタルエリアという言葉は、定義があいまいでみんな漠然と使っているように思えます。14ゾーンのほうが、定義が明確なので、選手にも分かりやすいと思います。

ここにボールが入って、フォワードがワンツーしたり、スルーパスを出したり、ここからサイドにクロスしたり。そういう攻撃から、もっとも多くの点が入っているということです。

選手に合わせてシステムをつくる

ではなぜ3－5－2よりも、4－4－2が多く採用されているんでしょうか？

実は、僕にもちゃんとした答えはありません。

ただ、みんなファッションみたいに、4－4－2だったり、3－5－2だったり、その時代に流行に合わせているように見えます。

それが何で決まるかというと、その当時いた有名選手で決まるようです。たとえば、ヨハン・クライフであったり、ベッケンバウアーであったり、ペレやマラドーナ、メッシであったり。

そういう選手がいるから、そのチームのシステムが機能するのですが、いないのに、システムだけ真似しても、なかなかうまくいきません。

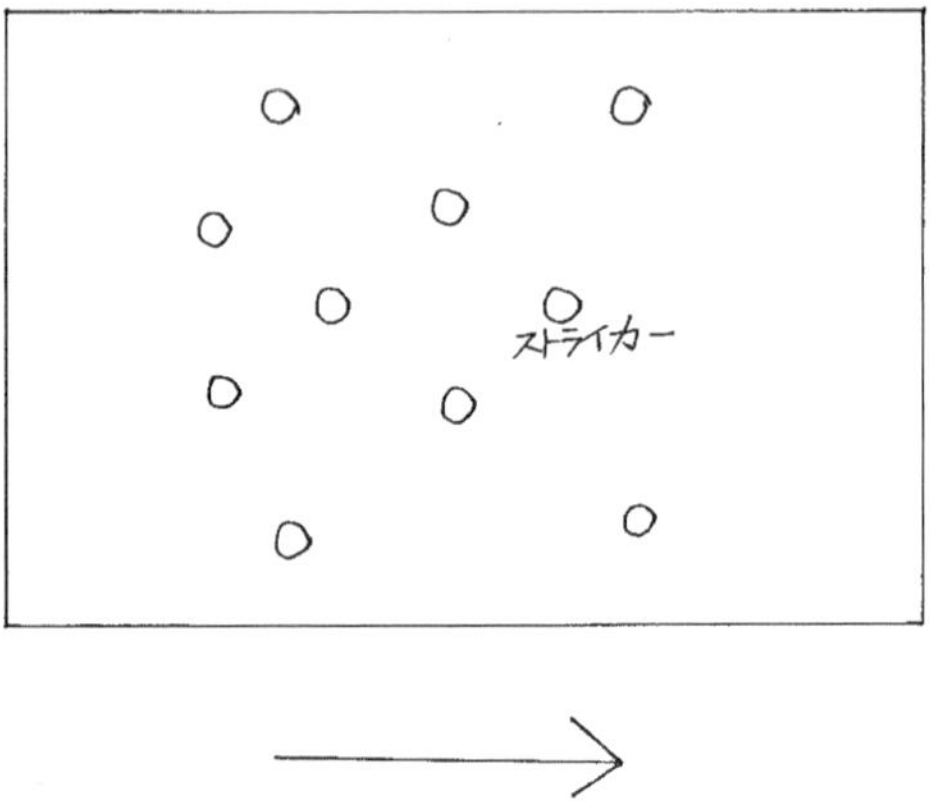

図5　ゼロトップ

いま富山第一が、なぜ3－5－2にしているかというと、やっぱり選手の特徴、弱点と強みを考えたときに、これが良いだろうということで決めているんです。

同じ4－4－2でも、やり方がまったく違う4－4－2もあります。

図5は、よく「ゼロトップ」と呼ばれるシステムです。

このゼロトップは、メッシが中央にいて、センターバックがメッシをマークできない、という特徴がある。

実は2018年度には、僕らもこれを選択しました。

なぜかというと、メッシのいる位置に、僕らのチームで一番の選手がいて、彼の得点力を生かすためにこのシステムにしたわけです。

だから、どういう特徴の選手がいて、どういうゲームをつくりたいかによって、システムが変わってきます。

監督によっては、「俺はこのシステムが好きだから、それに合った選手を連れてくる」という人もいると思います。ただ、僕らは選手を連れてくるということはしていないので、入ってきた選手の特徴を見ながら、「彼らにはこのシステムが良いだろう」というふうにやっています。

リアリティをもって練習をする

さきほどシステムには流行があるといいましたが、いまは試合中にもシステムを変えるようになってきています。

攻撃のときにはこれをやって、守備のときにはこれをやって、とシステムを変えていく。

もっといえば、点を取ったらこのシステムに変える、というやり方もあります。だから、選手は自分の能力を多様化させる必要があります。個人がチームのために、攻めるときはこうして、守るときはこうして、どんな働きをすればいいかを、ちゃんと理解しないと、なかなか難しい。

こういう状況だからこういうシステムになっている、だったら「僕の役割はこうだ」というふうに、自分やチームメイトが感じ取ってプレーするのが大事です。だから、試合中に「これってこの間の火曜日にやったトレーニングが活きてるな」って思えれば、選手にとってすごく分かりやすい。

ところが、試合中のどこで使うか、わからないまま終わっているトレーニングは結構あるものです。それが、練習にリアリティがないということです。

一例として、コーナーキックの練習の仕方について、ご紹介しましょう。

富山第一では、まず基本的なやり方をコーチが教えて、あとは選手たちが工夫を重ねていく、という方法で練習しています。

まずコーチが「こういうのやったら、相手が引っかかかんじゃない?」っていうパ

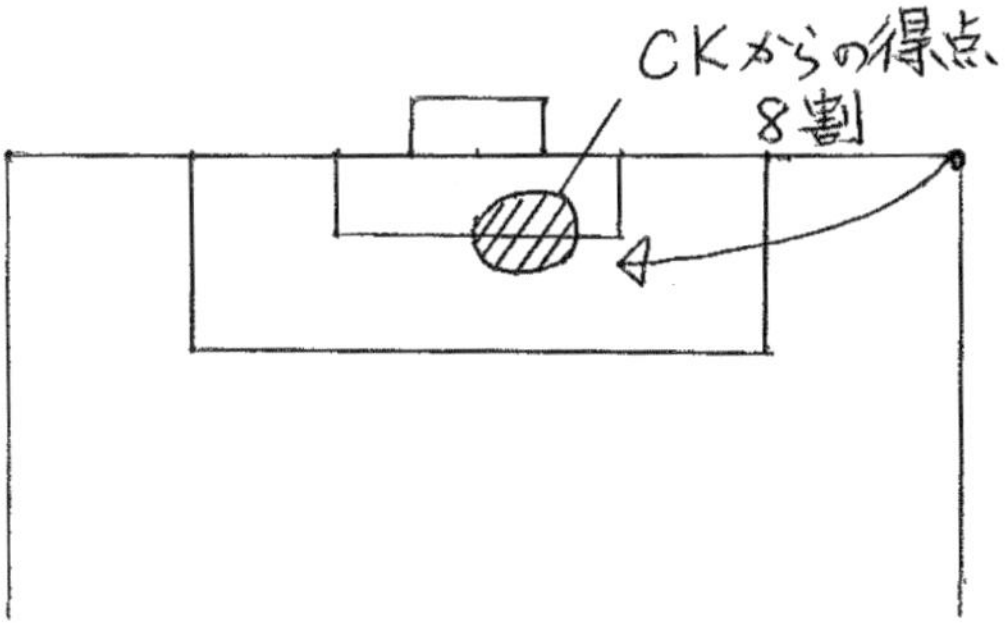

図6

ターンをいくつか提供します。

実は、コーナーキックからの得点の8割が、ここから入っているんです（図6）。足であれ、頭であれ、ここからタッチして入るのが、8割。

だから、僕たちは、ここに走りこむという練習を3人でやっています。

もちろん、いつでも一発で入るわけではないので、そこは選手にアイデアを出してもらいます。たとえば、誰々がヘディングされた流れをプッシュする。これもアイデアですよね。

こういうふうに、「ここで狙う」っていう基本のやり方に対して、いろいろなアイデアを積み重ねていく。ただ与えるだけじゃなくて、「流れたボールを狙う役がいるんじゃないか」などということをみんなで考えるんです。

自由な発想をつぶさない

子供たちにとっても、自分で考えたほうが、楽しく練習ができるはずです。

みんな、子供の頃はよくかくれんぼをして遊ぶと思いますが、かくれんぼひとつとっても、子供たちがすごいアイデアを持っていることが分かります。たとえば、トイレの天井裏に隠れる、とか。そんなところ誰も探さないよな、大人じゃまず考えつかないな、というようなことを、けっこう子供は考えていたりするものです。

作戦を考えて、相手の裏をかくことは、実はとても楽しいことです。

ブラジルでは「マリーシャ（ずるがしこい）」っていいますが、この子供のもっている自由な発想を生かさない手はないと思っています。

また、自分で考えたほうが、集中力が増すこともたしかです。

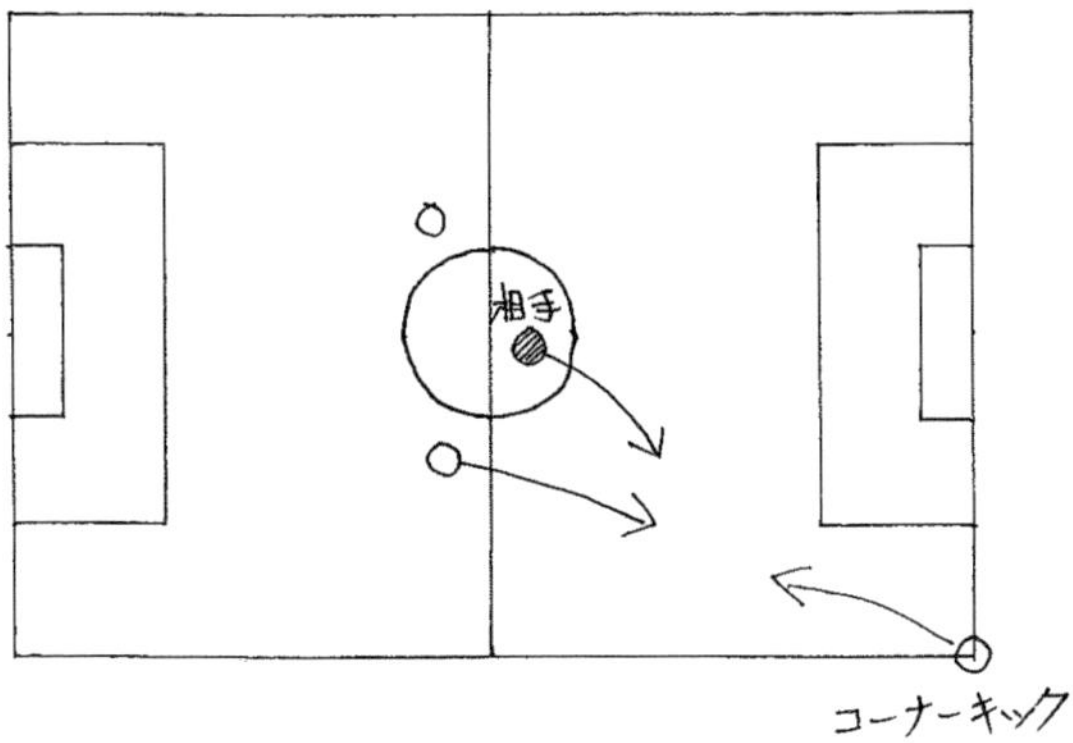

図7　9-11-1

たとえば富山第一では、コーナーキックのあとのカウンターを防ぐために、守備に2人を残しています。

ただ、それを決まったルールだと捉えてしまって、何も考えなくなれば、かえってカウンターの危険は増すといってもいいでしょう。

だいたい「俺、関係ない」みたいな感じで、ボーッとしているんですよ、2人(笑)。

教えられると「ここに残ってればいいや」という感じになってしまって、考えようとしない。そうではなく、彼らも参加することで、集中力が増してくるんです。

コーナーキックの時、カウンターを狙って、相手が前線に残っている場合があります。

こういうときは、一つのアイデアとして、たとえば守備の1人が、ショートパスをもらいに出ていく（図7）。パスをもらいにいったら、相手のフォワードは、おそらくついていきます。相手がついていったら、前線に残っている相手はゼロになる。だから、カウンターの危険は減るでしょう。

周りを見て、相手が残っているんだったら、残さないようにする方法は何かあるか、自分で考える。

しかし、実際は人数合わせでただ下げていることが多いんです。

意外に知らないクロスについて

日本ではほとんどの人が、クロスと言うと、サイドからゴール前に向かってのキックを想像すると思います。

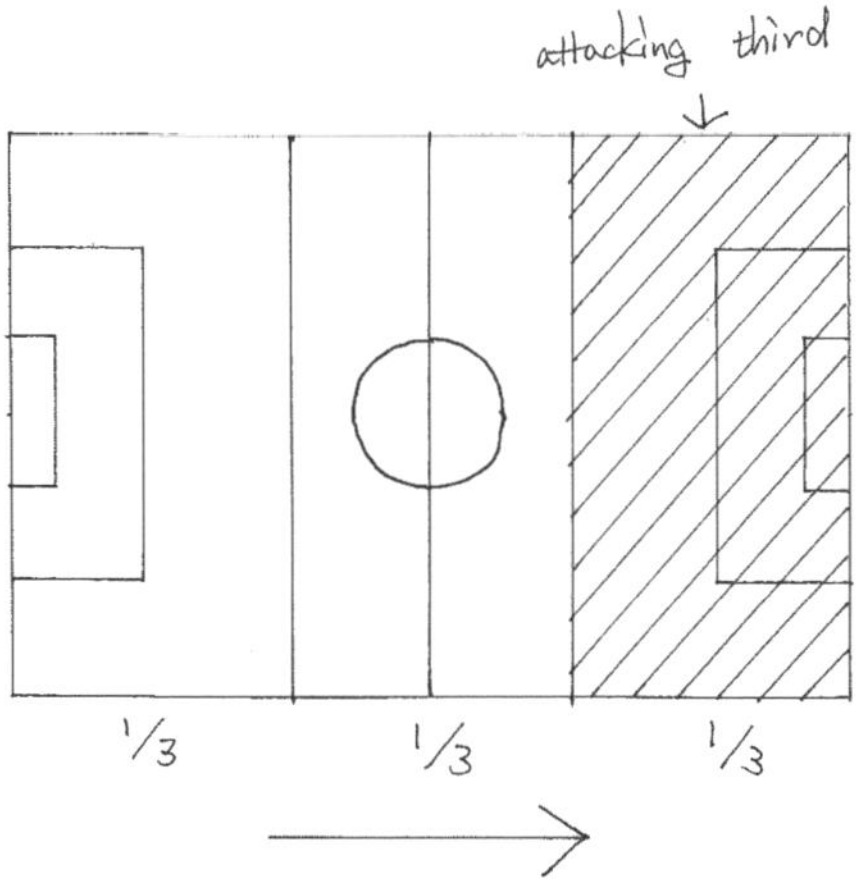

図8

ところがサイドはどこかというと、これが曖昧です。

イングランドでは、ちゃんと定義があります。

まず、コートを3分割して、その一番前の部分をアタッキング・サードと呼びます（図8）。

アタッキング・サードの線と、タッチラインが交わる点がありますね。

そこから、ペナルティーエリアの角まで斜めの線を引きます。

そうすると台形のエリアができます（図9）。

この台形のエリアから上がったものを、クロスと定義しているんです。

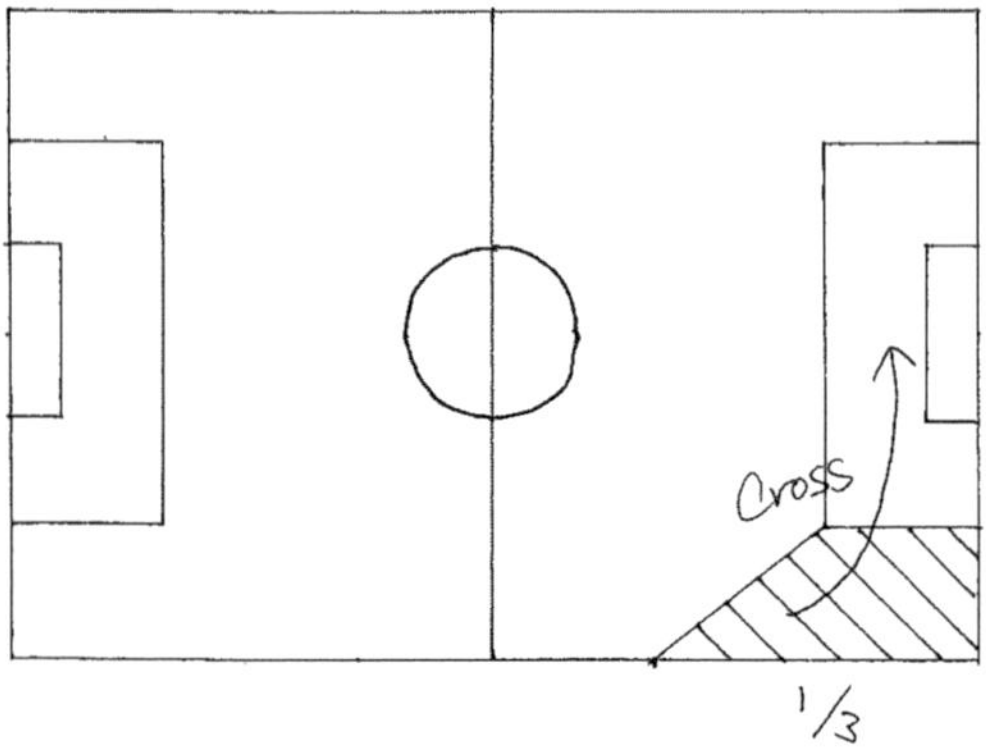

図9

では、このエリアのどの部分から上がったクロスが、一番得点につながっているのでしょうか。

多くの人がコートの隅のあたり、コーナーフラッグあたりかな、と思っているようです。

しかし、そこは全然決まっていません。

実は、得点につながったクロスの8割が、図10のAの地点から上がっているんです。

この地点から、ディフェンスとゴールキーパーの間に、頭より低いボールを送るのが、だいたいクロスの得点の8割です。

ただ、それも最近は少し変わってきて

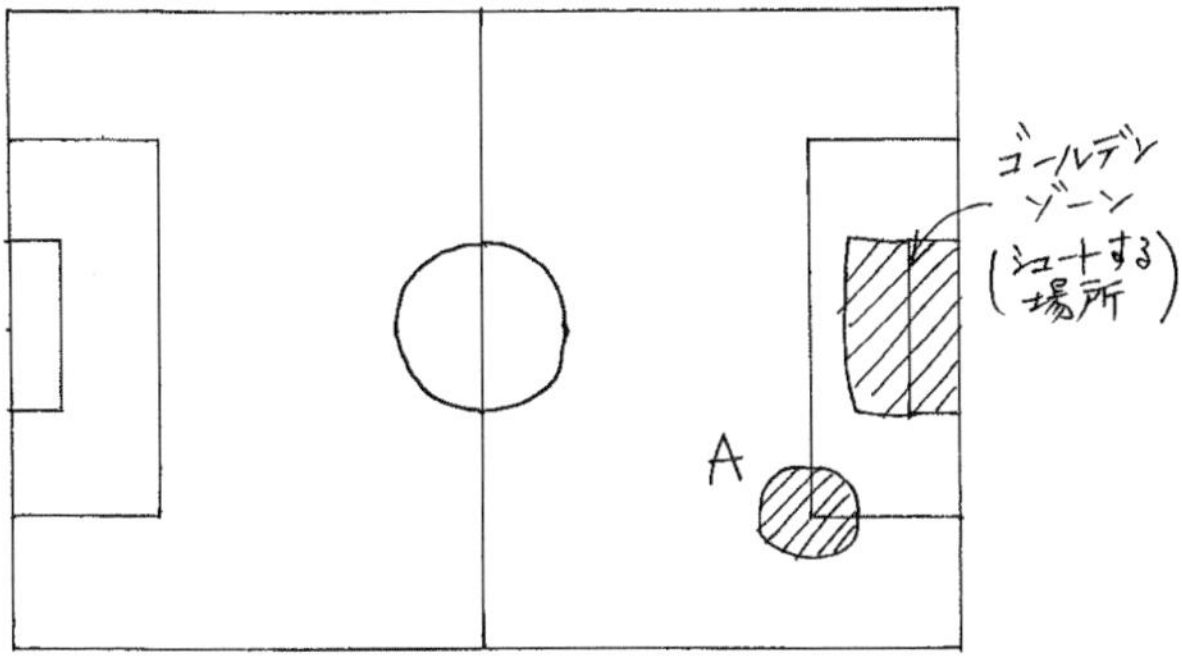

図10

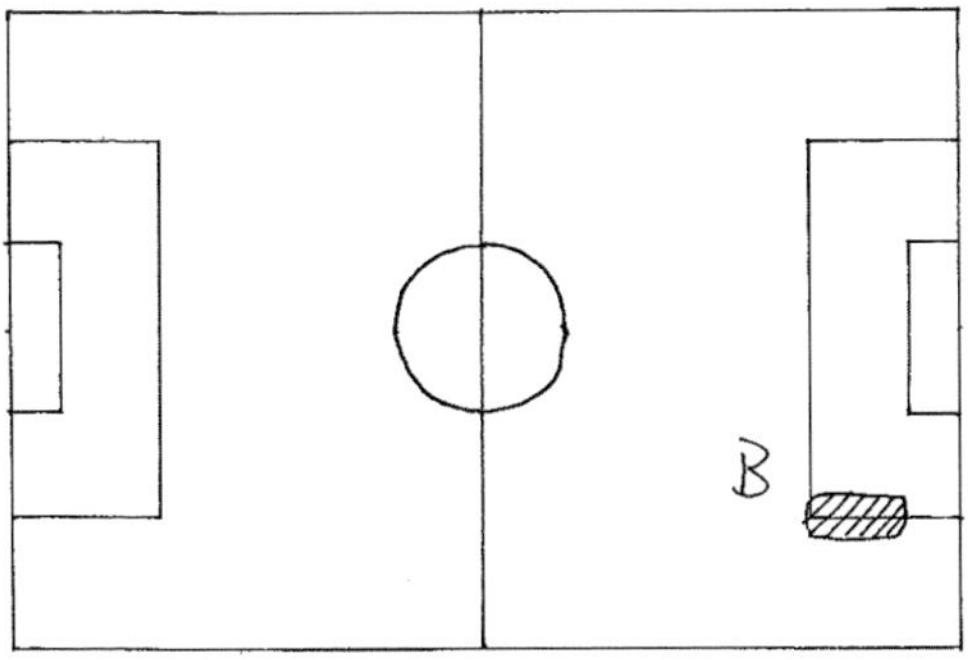

図11

います。最近は図11のBの地点が重要になっています。だから、僕たちは、クロスの練習はまずここからするようにしています。

僕が子供のころは、ゴールラインの近くまでボールを持っていって、そこからマイナスにクロスをあげる、という練習ばかりやっていました。

しかし、それはまったく入らない練習だったんです。

たしかに、マイナスに上げるクロスにはディフェンダーがボールウォッチャーになって、相手をマークしきれない、という特長があります。しかしその代わり、みんな帰ってきて、前向きに守備ができる。

B地点からのクロスだと、ディフェンダーは、自分のゴールに向かって守備をしなければいけません。しかも、頭よりちょっと低いボールだった場合、ディフェンダーは処理に困ります。ヘディングでも、足でもクリアしづらいからです。下手に触るとオウンゴールになってしまいます。

逆に、攻めるほうは、触れば入るんです。

富山第一の一週間

富山第一サッカー部は、一週間でだいたい次のようなスケジュールを組んでいます。

（トップチームの場合。時期によって違うこともある）

月　休み・試合の分析
火　復帰のメニュー
水　攻撃の練習
木　守備の練習
金　紅白戦
土　セットプレーの練習
日　試合

4月から11月まではリーグ戦が行われていて、毎週、試合をしています。

5月からはインターハイの予選が始まります。10、11月には選手権の予選もあります。

休み明けの火曜日は、復帰のトレーニング。ストレッチして、単純にランニングする日もあれば、4対4のミニゲームをすることもある。それで、体を起こす。

水曜に攻撃のトレーニング、木曜に守備のトレーニング。

攻撃の練習を先にすることにしています。というのは、守備の練習を先にして、次の日に攻撃の練習をすると、守備側がうまくなっているため、攻撃が成功しないからです。

金曜日は、全体を見るために、紅白戦をします。

あまり激しくやると試合への影響もあるので、1時間だけです。土曜は、シュートの練習をやって、セットプレーを攻守にわたって30分やって、日曜日の試合に備えます。

月曜日は、練習は休みですが、学校の授業が終わったあとに、前の試合の反省とか、次の相手の研究をします。

試合のビデオを撮っているので、コーチがビデオを見せて、選手が自分たちで統計を取ります。ボールを何回受けたか、受けたときのボールのタッチ数、パスの成功率、パスを前に出したのか、横に出したのか、後ろに出したのか。

それを選手たちが自分でやります。

最初は僕たちスタッフがそれをやって、作ったデータを選手に見せていたのですが、寝ている選手がいたりして、ちゃんと見ないんです。もらった資料を見てパッと捨てる子がいたりした。それでは意味がないので、選手たち自身で統計を取るようにしました。

全員で見て、個人で統計をつけていくと、ミス多いな、あまりボール触ってないな、パスが後ろ向きばっかりだな、といったことが分かる。それが自主練にもつながります。

次の対戦相手の分析でも、ビデオを活用しています。

全国リーグ（プレミアリーグ）になると、全部の試合がネットに出ています。ただ、今の地域リーグ（プリンスリーグ）になるとそれがないので、前回の対戦を見て、研究をします。ホームアンドアウェー方式なので、同じ相手と必ず2回試合があります。

だから、２回目の試合の前に、ビデオで１回目の試合を振り返るわけです。

コーチも前回の試合を振り返って、トレーニングに反映させています。たとえば、相手が長いボールに弱かったら、攻撃に長いボールを取り入れる練習をするなどしています。

コーチもゆっくりしていられませんから大変です。

毎週、それを積み上げていって強くなっていくのだと思います。

7

選手権優勝と当時の選手たちの思い出

2014年1月13日、東京・国立競技場。

この日、第92回全国高校サッカー選手権大会の決勝戦が行われ、富山第一高校が石川県の星稜高校を延長戦の末3-2で下し、悲願の初優勝を飾った。富山県勢として、はじめての全国制覇だった。

試合内容は、これ以上ないほど劇的なものだった。

前半、星稜高校に先制点を奪われ、後半25分にも失点。

2点差のまま時間が過ぎていき、絶望的に思われた後半42分、FW高浪選手が左からのクロスを決めて1点を返す。そして後半ロスタイム。大塚監督の次男・翔選手がPKを決めて、土壇場で延長戦に持ち込んだ。

延長戦はお互いになかなか点が入らなかったが、結局、PK戦にはならなかった。試合終了間際、ロングスローからのボールをMF村井選手が左足で豪快に決め、激戦を終わらせた。

このあと、高校サッカーの聖地・旧国立競技場はオリンピックに向けた改築に入ったため、選手権が行われるのはこの年が最後だった。それもあってこの決勝戦はとりわけ注目度が高く、5万人近くの観客が入った。富山第一は、「最後の国立」で優勝するという栄誉を勝ち取ったのである。

試合後のインタビューで、大塚監督は「2点差になっても追いつけると信じていた」と話している。このとき、49歳。監督にとって、間違いなく人生最高の瞬間だったろう。

優勝当時の思い出を監督に語ってもらった。（編集者）

誰かのことを思う気持ち

優勝したとき、3−2で星稜に逆転勝ちしましたが、あのとき点を入れた3人はみんな、お父さんが富山第一サッカー部出身なんです。

いまでも親子代々で富山第一サッカー部、という子がたくさんいます。

1点目を入れた高浪選手は、5人兄弟の長男で、まじめで勉強が良くできた。

本当は大学に行きたかったんですが、弟や妹のことを考えて、大学進学を断念。

消防士になる、と言っていました。でも、採用試験で落ちてしまった。

それで、僕たちが就職先を探したら「高校生は採らない」といっていた会社が特別に採用してくれました。そのあと、彼は一生懸命働いて、勤務態度もまじめだったので、社長に「お前は大学に行け」と言われて、いま、社長のポケットマネーで富山大学の夜間に通っています。将来は経営者になりたい、と言っています。

PKで2点目を入れたのは大塚翔、うちの息子です。

僕はよく息子を含めた選手たちに「試合中苦しくなったら、スタンドで応援してくれる15人の仲間を見ろ」と言っていました。うちのメインのユニフォームは紫色ですが、メンバーになれなかった彼らは、白のサブユニフォームを着てスタンドで応援していた。

だから僕は、選手たちにいつもこう言い聞かせていました。

「彼らの方がもっと苦しいんだ。ピッチのなかで活躍したい、ボールを追って得点したい。でも、それができなくて、スタンドから応援している。だったら、彼らのために頭ひとつでも、足をもう少しでも前に出せるだろう」

苦しくなったら、彼らの目を見ろ、と。

あの運命のPKのとき、僕の息子もそうしました。

息子はスタンドの仲間を見て、自分を信じて蹴った。だから、ゴールを決めたあと、真っ先にスタンドまで走っていって、「お前たちのおかげだ、ありがとう」って。

僕は2点目が入ったときには感激して、泣いていました（笑）。

息子はそんな僕を見て「なに泣いてんだ、まだ同点だよ」。


延長後半の3点目は、ロングスローからの得点でした。

スローインをしたのは城山っていう子で、1年前にお母さんを脳腫瘍で亡くしていた。

その城山が、「おかあさん！」と叫びながら、ボールを投げた。すると、ふだんは届かないような距離を飛ばして、それが得点につながったんです。

だから、誰かのことを思う気持ちが、選手の力になっているんです。

「ＰＫ職人」田子選手

準決勝は三重の四日市中央工と対戦して、ＰＫ戦で勝ちました。

このとき活躍したのが、サブキーパーの田子《たご》選手です。

実は、この前年はＰＫ戦で負けていました。

だから、今年はＰＫ戦では絶対に負けたくない、ということで、手足の長い田子に「ＰＫの練習をしてくれ」と頼んでいたんです。

彼はおっちょこちょいな子でしたが、そう言われて一生懸命練習していた。

それで僕は、マスコミ各社に「うちにはＰＫを止めるすごい奴がいるんだ」と嘘をつきました。そしたら、そのとおりに記事にしてくれた。

それを読んだ彼が本気になりました。

「俺、すごいんだな」と思ったようで。本当はすごくないのですが（笑）。でも、だんだん本当にうまくなっていったんです。

ＰＫ戦に勝つために、他の戦略も用意していました。

２０１１年に、日本のなでしこチームがＷ杯で優勝しましたよね。

決勝、アメリカにＰＫ戦で勝ったのですが、これを見たとき「なにか秘密があるはず」と直感しました。

それで試合直後に、なでしこのキーパーコーチに電話しました。キーパーコーチはシンガポールで監督をしていたときに一緒だったので、仲が良かったんです。

「お前、何か秘密があんだろ？」

「ありますよ、大塚さん。でもみんなに言わないでくださいね。このあとのオリンピックやワールドカップでも使うので絶対秘密にしてくださいよ」

といって彼が教えてくれたのは、こういうことです。

実は、アメリカとのＰＫ戦のとき、日本はベンチからサインを出していたんです。なでしこチームは、アメリカの選手がＰＫでどこに蹴るかを2年間にわたって調べて、そのデータにもとづいてキーパーにサインを出していました。キーパーコーチが作戦ボードを右手に持てば右に跳ぶ、左手に持ったら左に跳ぶ、という風にしていたようです。

「これ、使えるな」と思って、相手になる可能性のあるチームをぜんぶ調べました。それで、県予選のときからサインを出していたんです。

さて、準決勝はＰＫ戦になりました。

実は「ＰＫ職人」田子が本番の試合でＰＫ戦をやるのは、これが初めてだったんです。

それまでＰＫ戦は練習試合でしか経験がありませんでした。その最初のＰＫ戦が、国立競技場で、しかも3万人の観客が入っていた。

延長終了間際、「信頼してるぞ」といって彼を送り出しました。

そしてＰＫ戦が始まって、キーパーコーチがサインを出したら、なんと田子のやつ、反対側に跳んだ！

そしたら、部長先生がめちゃ怒った。

「いままで何やってきたんだ！」って。

それでも信じてやろう、と。

2本目もまた逆に跳んで、決められて。

3本目、逆跳んで、止めたんです。わーっ、やったー！

試合後、サインと反対に跳んだことについて、田子に聞きました。

「生まれて初めてのＰＫ戦で、観客が3万人も入ってて、緊張したんだろ」

「大塚さん、僕をなめないでください。サインはちゃんと見えていましたよ」

「じゃあなんで逆に跳んだんだ?」

そしたら、実はグラウンドに入ったとき、相手の監督が「例のキーパー出てきたぞ!」と叫んでいるのが聞こえた、というんです。

それで彼は（僕らが相手チームのことを苦労して研究してきたように、相手もこんな僕のことまで研究してるんだな、じゃあ逆に跳んでやろう）と考えた。

すごいですよね。

ベンチからサインを出しているのに、その逆を跳ぶ勇気がありますか?

僕はいつも自主性を重視して、その場の判断が勝負を分けると強調してはきました。

しかし、こんなに緊張した場面で、自分で判断できるとは思いませんでした。

驚きとともに、やっぱり子供を信じることが大事だな、と痛感した出来事でした。

メダルを分割

優勝して、登録選手25人分と、スタッフ5人分の金メダルをもらいました。本当なら僕と息子の分とで、大塚家には2個あるはずですが、でも1個しかない。もらえなかったメンバー15人にもあげたいと思って、業者に聞いたら「同じやつ作れますよ」ということでした。

それで「みんなにもあげる。うれしいやろ」と言ったら、「そんな偽物いらない」。どうしたらいいか考えたあげく、冗談のつもりで「じゃ、俺のメダルをチーズケーキみたいに16等分しようか」って言ったら、「それがいい！」。

ところが、業者に聞いたら「できません」と言われました。

「芸術家が芸術作品に手を加えることはできません。でも、内緒でやってあげましょう」。

これで、16個目は自分のものかな、と思ったら、2人のマネージャーのことを忘れていました。結局、1人には、その16個目の破片をあげて、もう1人には、メダルのリボンと箱をあげました。

（あーあ、俺の分はなかったな）と思っていたら、業者さんがそばに来て、「大塚さん、こんなこともあるかと思って、削り粉を取っておきましたよ」

メダルの粉を大事に保管しています（笑）。

キャラに合った指導

あるとき、妻から「あんたのような優しい性格の人が優勝なんて絶対無理や」と言われたことがあります。僕はそのとき、「なに言っている、必ず優勝してみせる」と反論したものです。

元日本代表監督の岡田さんは、選手の結婚式には一度も出たことがない、と聞いたことがあります。やっぱり、選手のクビを切る仕事だから、選手との心の距離があまりに近すぎると、判断が鈍ってしまう、というお考えがあるんでしょう。あのくらいの非情さがないと難しい、と。

僕としては、人のまねをして厳しい指導をするよりも、自分のキャラクターに合っ

延長終了1分前、決勝点を決めてスタンドに駆け出す村井選手

た指導をするというのが大事だと思います。
たしかに勝負も大事ですけど、僕のなかで一番大事なのは「サッカーが楽しくて仕方がない」という経験を選手に与えてあげること。監督のやり方は千差万別です。それでいいのだと思います。
いま、うちにはコーチが4人いますが、それぞれのキャラに合った指導をしてもらっています。

優勝決定後に駆け出す控えの選手たち

喜びに沸くイレブンの輪の中に親子、監督、選手としてともに日本一を目指してきた大塚監督と次男で主将を務める翔選手の姿があった

優勝旗を持つ大塚監督

優勝決定後スタンドの大観衆の前で挨拶をする富山第一の選手たち

8　学校と地域との関わり

それぞれの進路

全国優勝した次の年は、インターハイにも選手権にも出場できませんでした。両方とも県の準決勝で敗退。僕はあまり見ないようにしていたのですが、ネットの掲示板などでかなりバッシングを浴びました。

それでも続けているうちに、だんだんといい選手が富山第一に集まってくるようになりました。

他の学校の先生には、富山第一がお金をばらまいて選手を取った、と思っている人もいますが、そんな事実は全然ありません。特待生なんて一人もいない。みんな授業料を払っています。

優勝してからは、「出口」が大事だと思って、選手が大学に入れるように、いろいろな大学とコンタクトを取りました。

昔は「やっと高校サッカー終わった」という感じで、燃え尽きる選手がいっぱいいた。

「俺は大学で遊ぶんだ」とか、そういう子が多かったんですが、いまは大学やプロでもサッカーを続けたいという子が増えてきました。

たとえば優勝したとき、スタンドで応援していた、レギュラーじゃなかった子が、いまニュージーランドでプロになっています。

プロには入れなくても、大きな会社に就職する子も増えています。

たとえば丸紅や、三菱商事、キャノン等。

地元でいうと、北陸銀行、富山第一銀行、県庁、日本海ガス等々。

消防士になった子もいるし、警察官になった子もいる。

警察官の教え子に「大塚さん、スピード違反はダメですよ」と言われたりもします（笑）。

企業が支援してくれる

最近、富山第一サッカー部の後援会をつくってもらいました。

ＯＢ会とか父母会は今までにもありましたが、父母会だと、お父さんお母さんは

練習用ユニフォーム

試合用ユニフォーム表

試合用ユニフォーム裏

子供の卒業後、富山第一を応援する場がなくなってしまいます。

富山第一の卒業生ではなくても、あるいはサッカー部じゃなかった、という人でも、後援会があれば、単純に「富山第一を応援したい」という気持ちだけで集まることができます。

スポンサーとして応援してくれる企業もあり、いま、ユニフォームには５つの企業名が入っています。練習着にもスポンサーがついています。

ユニフォームには「富山米」というロゴがありますが、これはＪＡ富山さんです。

ＪＡ富山さんは、１５０人分のコメを

提供してくれています。

もらったコメは、練習後に出す牛丼や親子丼になります。コメ代がただなので、1食200円と格安にできます。それを、練習のあとにすぐ食べる。それを食べたら、家に帰って、またご飯を食べる。「食育」です。

企業が、地域の子供たちのために社会貢献してくれるんです。

挨拶は自分から

学校はきっちりしていて、僕もいろいろな要求を受けるときがあります。

あるとき、理事長にこう言われました。

「サッカー部の面倒を見るのは、技術だけじゃないぞ。ちゃんと勉強もさせなきゃいけないし、何よりも挨拶がきちんとできる人間にしてくれ」

「わかりました」

ところがある日、ある先生が「サッカー部の部員は、ぜんぜん挨拶ができない」

という報告を、理事長と校長にしたんです。

それで、理事長も校長も、「なんだ、サッカー部はだらしない、一朗の教育がなってないんじゃないか」ということになった。

そのあと僕が呼ばれて、Y部みたいな挨拶させせろ、と言われました。

うちのY部の挨拶はすごいんです。

自転車こいでいて、僕の顔見つけたら、急ブレーキして、ガチャン！　とスタンド立てて、帽子とって。

「おはようございます！！！」

言われているこっちが恥ずかしいくらい、元気がいい。

ただ、さすがに「そういうのはちょっとできません、とりあえず本人たちにも聞いてみます」と答えました。

それで、サッカー部の何人かに聞いたら、

「大塚さん、あの先生は、大塚さんの悪口言ってましたよ。なんで大塚さんの悪口言う人に、挨拶しなきゃいけないんですか」と。

そういうのがいろいろあって、ある日理事長に、言ったんです。

「先生、僕はイギリスにいるときに、朝、いつも公園でランニングしていました。いつもその公園ですれ違う、髪の長いきれいな女の子が、ある日、すれ違いざまに僕の顔を見て、ニコッて笑って、

『モーニング！』って言ってくれた。

僕は、それだけで一日ハッピーだったんです。

強制的に『おまえ！　なんだ、挨拶しろ！』とか言って、仮に挨拶されても、気持ちいいわけないじゃないですか。

挨拶って、こっちがニコッて笑って、おはよ、って言えば、それでいいんじゃないですか。

先生が、子供の顔を見て、おはよ、って笑うだけで、生徒って返してくるんじゃないですか」と。そういう話をしたんです。

しばらくたって、グラウンドに理事長が現れて、こう言ってくれました。

「俺は60年以上生きてきたけど、お前の言うとおりだ。やっぱり挨拶っていうのは、こっちからするもんだな」

そのときは嬉しかったですね。

入学式での一コマ

以前、富山第一は「県立高校の滑り止め」というのが定説でした。

県立高校に行けないやつが行く高校。

たしかに、入学式、みんな顔下げて、暗い顔をしていた。

ところが、サッカー部が全国優勝したあと、2年くらい経ってからの入学式。

理事長が僕のところに来て、「一朗、俺はこんな光景はじめて見た」という。

何ですか、と聞いたら、入学式の看板で、新入生が親と一緒に笑いながら写真を撮っていたんです。

その列が、ズラーッと並んでいて「入学式が始まります」というアナウンスをしても、みんな写真を撮っていて入ってこない。

「こんなことはじめてだ、いい学校になったな」と理事長が言ってくれました。

最近は、県立にも行けるような子が、県立をやめて、富山第一の特進コースに入りながら、サッカーをやるようになった。

今までそういう子は、サッカー部に入らないで、県立落ちて悔しいから、と勉強ばっかりしていたんです。

僕も県立を落ちて、特進コースに入ったんですが、僕のクラスでは運動部はたった2人でした。野球部のピッチャーと、僕だけだったんです。

当時はそういう時代で、部活動も勉強もする、という子はほとんどいませんでした。


邪念は湧きませんか？


ときどき、邪念が湧くこともあります。

「勝ちたい」とか、それも邪念なんだろうし。

でも、子供たちが楽しくサッカーをやれることが大事ですから。

ＡＦＣのプロライセンスを取りに行ったときに、印象に残っている講義があるんです。

先生に「哲学とは何か？」って聞かれた。

哲学って何だと思いますか？
僕は、哲学というのは、自分の内面を追求することだと思っていました。
でも、その先生は僕にこう言ったんです。
「あなたの周りにいる人間が、明るいヴィジョンを見られるようになること。
それがあなたの哲学になるだろう」と。

9　選手・コーチ・OB　インタビュー

◆2019年度キャプテン　吉藤廉さん

なぜ富山第一に入った？

僕の地元は八尾《やつお》市です。八尾は「おわら風の盆」というお祭りで有名なところです。そこで生まれて、そこでサッカーをしていました。中学校は、J2のカターレ富山のジュニアユースに所属していて、そこから、富山第一高校に入学しました。富山第一に入学したのは、僕が小学校6年生の時に、富山第一高校が全国優勝したからです。その姿にあこがれて入りたいと思いました。

富一に入って一番驚いたのは、練習時間が短いことです。1時間半なんですね。グラウンドも一面で、部員も多い。なので、カテゴリーごとに何部かに分かれて、それぞれの練習時間が決まっています。

高校でサッカーするときの選択肢は、富山第一か、カターレ富山のユースかだったのですが、ユースと高校サッカーではイメージが違って、ユースはボールを回してポゼッションしながら組み立てる感じですけど、高校サッカーは、球際が強いというイメージでした。富一では、技術面だけでなく、体の強さなどでも成長できた

19年度キャプテン　吉藤廉さん

かなと思います。

大塚監督はどんな人?

ピッチ外ではとても接しやすくて、僕たち選手からでも気軽に話しかけられます。

ただ、サッカーを教えるときになるととても真剣です。「ああ、そういうことか」ってむっちゃためになります。でも練習中に怒られることはあんまりないですね。

去年は、富一はカテゴリーが5チームあったんですけど、コーチが別々でした。それで気になって、大塚さんに「どうやってコーチの振り分けをされてるんですか？」と聞いたら、「それはやりたいと思った人にやらせる」ということでした。

でも、大塚さんも、ほんとうは自分で直接指導したいはずなんです。だけど、チーム一個を見るんじゃなくて１４０名近くの部員全体を見ている。自分がこの学校を抜けても、強豪校でいるためには、選手の指導だけじゃなくて、コーチの指導もしていかなければいけないという話を聞いて、やっぱりすごい人なんやなって改めて思いました。

監督は自主練を上（部室の２階）から見てると思います。これやれとか、あれやれとかは言わないですが、僕らが「どうすればいいんですか？」って聞きに行ったときは教えてくれます。

自主練では自分が課題だと思うことをやります。たとえば、僕は一年の時はずっとヘディングを練習していました。自分で気づいて、やって、それを次の練習で生かす。それで成長したなと思います。

監督から言われて決まっていることといえば、まず体重を測って、自分で記録してから練習に行くことです。

体重を測りに来た子に、監督が声をかけているのはよく見ます。そこで「この前の試合、どうだった？」「良かったな」「もうちょっと頑張ろうぜ」とか　声をかけているのをたくさん見ました。こいつには声かけるけど、こいつには声かけない、ということは一切なく、たぶんそのとき目についた子や、監督とコーチの間で気になっている子に声をかけたりしているんだと思います。

学年代表として

選手をしていて苦しかったことは、やっぱり、試合に出られない時期があったことですね。部員が１４０人もいるので、いろんなカテゴリーがあるのですが、それでも、試合に出るのは難しいです。だから、悔しい思いをしたことはあります。そんな時は、ずっと自主練していました。

ところで僕は、１年生と2年生の時には、学年代表をしていました。キャプテンや副キャプテンとは違うのですが、その学年の代表として、コーチの先生から指示されたことを、チームに伝える役割をしていました。

選手が寝坊したり、授業中に他の本を読んでいたりしたのが発覚した時、その報告を先生にするのも自分でした。

１４０人近くも部員がいますから、時には選手同士でちょっとした行き違いが起きることもあります。そういうときは、一人ひとり性格が違うので、接し方を変えていました。強く言っていい人には強く言うけれど、遠回しに言ったほうがいいんじゃないかっていう人には、遠回しに言うとか工夫しました。場合によってはみんなで話し合うこともあります。

そういうときでも、監督はあまり介入しないですね。自立するために、選手を成長させるために。選手に自分で考えて、っていう感じが多いですね。

悔しさを超えていく

僕はセンターバックですが、チームの一番の特徴は守備でした。まず、失点をゼロに抑えよう、守りから入ろうということで。もうひとつ、前からプレスをかけて、高い位置でボールを奪って、速いカウンター、それが富山第一のプレースタイルです。

インターハイで準優勝、選手権ではベスト16で青森山田に敗退しました。悔しいです。

今年の選手権のことを言えば、初戦はみんな緊張していました。自分たちの持ち味は守備だったんですけど、ディフェンスラインとかもバラバラで…。緊張もあったし、インターハイで準優勝していたので期待されていたんで、プレッシャーとかもあって、あんまり準備してたことが出せなかったと思います。

でも、なんとか勝ち切れました。それは、あきらめずに最後までやったからかなと思います。1年間やってきたことが、出たんじゃないかと思います。2回戦は、1回戦の反省も含めて、みんなで話し合ったり相手チームの分析をしたりして、無失点に抑えて勝てたので、1年間やってきたことが出せたかな、という試合でした。

3回戦の青森山田戦は、セットプレーで4失点してしまいました。セットプレーで注意するようにと、監督にも言われたんですけど、詰め切れていないところがあったので、それが、全部出てしまった。

でも、1点取ったのは…青森山田相手にはいままで1点も取ったことがなかったのですが、これからの富山第一の成長につながるんじゃないかと思いました。チームのみんな、それぞれ進む道は違いますけど、これからの人生の成長につながると思います、あの1点は。

将来は富山で仕事をしたい

僕は同志社大学に入学が決まりましたが、大学でもサッカーを続けて、将来は富山に帰って仕事したいな、と思っています。地元富山が好きですね。やっぱり、都会はたまに行くのがちょうどいいかなと思います。

もし、スポーツ関係の会社とかに入れたら、富山第一にかかわりたいと思います。

◆富山第一 教員・サッカー部コーチ　窪田佳佑さん

三つの特徴

大塚監督の特徴は三つありますが、今日はちゃんとメモしてきました（笑）。

一つ目は、人のミスに寛大なことです。ミスにこだわりがないというか、ミス

富山第一教員・サッカー部コーチ　窪田佳佑さん

に寛大なところがあると思います。たとえば、僕、1年目のときに、試合で選手を別のグラウンドに連れて行ってしまったことがあるんです。試合がない会場に…。慌てて移動して、何とか試合には間に合ったんですけど、そういう時も「まあそんあこともあるよな」って、笑ってくれました。

二つ目は、誰にでもやさしいことです。僕は、水橋というライバルの高校でプレーしていて、卒業後に富一にコーチとしてきたのですが、温かく迎え入れてくれました。また、自分の知識をだれにでも教えています。相手チームのコーチを部室に招いて、ここのテレビを使って、自分たちはこういう練習してるとか、こういう戦術でやってるとか教えているのは印象的でした。

三つ目は、人のいいところを見つけるのが得意なことです。たとえば、選手が学校生活の中でルール破ったとき、僕ら教員は「あいつはだらしない」「あいつは、ルールを破るだめな奴だ」とか、ついつい言ってしまいがちですが、監督は「あいつはこういういいところもあるよ」と、必ずフォローを入れてくれます。僕らも目線が広がりますね。

監督は口出ししない

普通、監督はコーチに対して色々な指示をすると思うかもしれませんが「これをやれ、とか、あれをやれ」などと言われたことは一回もありません。

練習でもそうですし、試合でもそうです。ミスをする機会を与えてくれている、と言ってもいいと思います。

たぶん、本当はいろいろ口出ししたいこともあると思うんですが、好きにやれ、といった感じで、たぶん我慢して、自由にやらせてくれています。

ただ、監督の基本の方針は守っています。サッカーを楽しむことと、子供たちが自分で考えて、行動できるように。それを促していく指導をしてくれます。

サッカー部の顧問になるとは思っていなかった

僕は富山県出身で、高校は水橋高校でした。大学は東海大学です。大学一年生の途中でサッカー部はやめたんですけど、卒業後、富山第一高校に社会科の教員として非常勤で採用されました。そして、2年目からサッカー部の顧問になりました。

大学の時にサッカー部を辞めたのは、とにかく、走りとか筋トレとか練習で強制されることがすごく多かったからです。周りの友達は遊びとか旅行とか、いろいろやっているなかで、早朝から走らされたり夜遅くまで練習させられたり。そういうのが嫌になって辞めました。

そんな自分ですから、富一に来てサッカー部の顧問になれるとは思っていませんでした。

ところが、正式採用されるタイミングで、学校からサッカー部の顧問をやるように言われて、顧問になりました。

富山第一高校への就職は自分で希望しました。それは、単純な動機ですが、一番大きい学校で働いてみたいと思っていたからです。富一は生徒数で私立・公立合わせて県内で一番多いんです。だから、サッカー部が強いから、というのはあまり関係なく就職しました。

大塚監督はすごい人だなとは思っていましたが、一緒に仕事をするとは思っていなかったですね。

指導で気を付けていること

監督と会話は、基本的にサッカーの話が多いですね。たとえば、プロのどこどこのチームのサッカーがおもしろいとか、あの選手はうまいとか。

また「彼女いるのか」「彼女とどうなんだ」「両親は元気か」とか、僕らに対しても選手に対しても、フランクに話かけてくれます。

僕はスタッフの中で一番年下なので、わりと選手とは近い距離間かなと思います。指導するうえで気を付けていることは、子供たちがチャレンジして失敗したときに、あまり厳しく言わないようにしていることです。もう一回チャレンジしたいと思うような声掛けを意識しています。
監督の指導を横で見ていて、そういうのが大事なんだなって思うようになりました。

コーチの役割

富一には僕を入れて4人のコーチがいますが、他の3人の方々はすごく尊敬しています。ああ、こういう風になりたいな、と思える存在です。

また、3人ともサッカーがすごく好きで、富一を強くしたい、選手を育てていきたい、という気持ちが見ているだけですごく伝わってきます。

コーチ4人はそれぞれ別のチームを担当しています。富一には5チームあるので一人足りないんですが、トップチームはコーチと監督が見ています。3番目が僕で、4、5番目は同じコーチが二つ掛け持ちです。

高校生なんで、チームでいざこざが起きることもたまにはあります。ただ、サッカーに関しての意見のぶつけ合いとかだったら、子供たちに任せて、自分たちで解決してもらうようにしています。

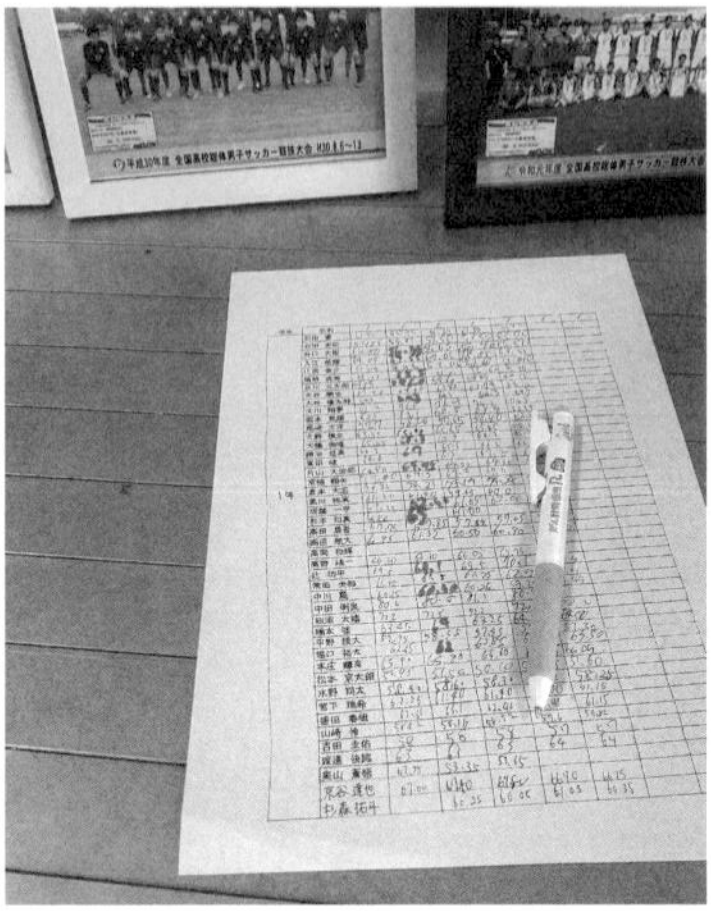

毎日の体重チェック表

サッカー以外のトラブルは、けっこう厳しくしています。たとえば、寝坊して遅刻したり、授業中に寝ていたり、友達とのトラブルだったり、先生への言葉遣いだったり。

そういうことは、選手を呼んで話を聞いて、和解させたり、謝罪させたり、しっかりやってほしい、と注意するようにしています。

細かくはないですけどチーム全体として、いくつかのルールを共有するようにしています。たぶん、昔からずっと守ってきたことだと思うんですけど、当たり前にやらなきゃいけないことを、口酸っぱく言っています。

授業担当の先生が僕ら顧問に、だれだれ君がだらしない、とか、こういうことがあった、とか報告してくれます。また、学校で居眠りしていたらチェックがついて、集計されるんですけど、それ見て、「あ、こいつ寝てたんやな」と分かったりします。

身体のチェックを徹底する

サッカー部の一日のスケジュールは、平日は基本的に4時から始まります。2グループに分かれて、1グループが90分、もうひとグループが90分。あとは、自主練です。

細かく言うと、最初に体重測って、コーチが来るまでアップして、最初にコーチから事務連絡とか注意事項とかの話があって、それから練習スタートです。練習が終わったらもう一回集合して、練習で気づいたことなどを話して、あいさつして帰ります。

毎日体重を測るのは、自分で自分のコンディションを管理するためです。あと、体がでかくなったなと思ったときは、僕らスタッフが体重の紙を見て、やっぱり、ちょっとずつ増えてるな、みたいな。成長期なので体重は増えるのですが、なかには、ちょっと太り過ぎの子とかもいるので気をつけています。トレーナーはそれを見て「お前もっとやせたほうがいいぞ」と注意することもあります。

トレーナーは自分で仕事をもっている人たちで、仕事が休みのときにグラウンドに来てもらって、指導してもらっています。ジムのアスレチックトレーナーや整骨院の先生、病院に勤めている理学療法士など専門の方に週に一回くらい来てもらっています。

また、ケガをした場合はトレーナーがいる病院に行って治療した後、リハビリのメニューをやっています。

勝つことがすべてではないが、目標は日本一

選手たちにはなるべく実戦経験を積ませたいというのが監督の意向ですから、どのカテゴリーでも基本的に、土日のどちらかは試合をやっています。

僕は練習試合の相手を探すことと、試合の日時のセッティングもやっています。

監督は、自分がうまくなるために努力を積み重ねていくとか、全力で取り組むのを、「楽しい」っていうんだと、いつも言っています。だから、僕らもその機会を

提供してあげたいと思っています。

楽しいっていっても、友達とふざけあって、ワイワイやるんじゃなくて。勝ったらうれしいし、負けたら悔しいということを味わうのが楽しいってことかな、と。

だから、目標はやっぱり日本一です。僕たちもその目標に向かって、みんなと一緒になって走っています。当然、それが達成できなかったら悔しいです。

ただ、監督が言われるように、勝つことがすべてではない、というのもよく分かります。

◆大塚翔さん

２０１４年度選手権優勝当時のチームのキャプテンであり、大塚監督の次男でもある大塚翔さんに、監督も同席の上で話を聞いた。（編集者）

お父さんはどんな人？

翔さん（以下、翔）　お父さんは家でもこのまんまですね。親父というよりかは、サッカーを見る仲間、みたいな感じ。兄貴とも仲いいですね。

僕ら家族だけじゃなくて、部員とか生徒たちにも距離が近いというか。それがいい方向に行ってるのか悪い方向に行ってるのかはわかんないですけど、それが、やっぱり父の良さでもあるので。誰とでもすぐ仲良くなるというか。だから、こう、一人一人の良さを引き出せるのかな、と思います。

いつからサッカーを始めた？

翔　小さい頃はあまり覚えてないんですけど、聞いた話では、３歳からボールを蹴っていたそうです。そのときから、基本的に教えてもらうっていうよりかは、自分で考えて、自由に努力する、みたいな感じでした。

親父は「サッカーを一緒にやろうよ」っていうふうに言ってた記憶はありますが、当時、ライセンスの勉強をずっとしてたんですよ。なので「もう俺忙しいから帰るわ」って感じで。兄貴いるんですけど、兄ちゃんと一緒にボールもって「じゃ行こう」みたいに、やっていた記憶がありますね。だから、兄ちゃんと一緒に、自主練習とか、1対1とか。

サッカーをやることは強制されていたわけではないですけど、家でサッカーのビデオは常に流れていました。一緒に見て「いいプレイだね」って。

基本的には、周りにはサッカーしかなくて、右見ても左見てもサッカー、という感じでした。

チームに入ったのも、幼稚園からです。兄ちゃんの後を追う感じで、入りました。

大塚一朗監督（以下、一）　小さい頃はよく、兄ちゃんとサッカーしながら喧嘩していました。両方とも負けず嫌いだから、よく、噛みついたりしていた。

僕が国体の女子の監督をやっていたとき、そこに翔を連れていったんですけど、大人の女子とサッカーをやらして、ボール取られたら、悔しがって、つば吐くんですよ、女の子に向かって。

翔　ありましたね〜。大人になっても言われるんですよ。そういう方たちに会うと「昔よくつば吐かれたわあ」って。

――　彼、小学校のとき、ペプシのキャンペーンで、マンチェスターユナイテッドに行ったんですよ。

「ベッカムに会おうキャンペーン」っていうやつで、みんな知らなかったけど、コンビニに行ったら、日本で2チームだけ、小学校の部で1チーム、中学校の部で1チーム、マンチェスターでベッカムに会えるっていうキャンペーン。

当時、僕が携わってきたチームに6年生の長男と、2年生の翔がいたので「これ、応募するしかねえだろ」って。

僕はその応募用紙を片っ端から集めてきて、推薦文を書いて、100通送りました。他のスタッフにも、やってくれ、って言って。どういうシステムになっていたのかは知らないんですけど、たくさん送れば当たるんじゃないかな、熱意が通じるんじゃないかな、と。

「こんなの当たるわけないでしょ、馬鹿じゃないの」って言われたけども、当たったんですよ。で、18歳のC・ロナウドにも会った。

6年生を30人連れて行ったんですけど、それならうちの翔も入れてくれ、ということで、2年生で1人だけ行ったんですよ。あとはみんな6年生。2年生なもんだから、部屋は僕と一緒で、朝ごはんも僕と一緒に行くってことになったけど、海外のものが食べれないわけですよ。それで、何食べたいって言ったら、マックでポテトが食べたいって言って。で、朝2人でマックに行って、ポテトばっかり食べていた。

一年のイングランド生活

―　僕が単身シンガポールに行っている間に、お兄ちゃんと、お母さんと、3人で一年間、イングランドに行ったんですよね。それが、小学校3年から4年生の間。

そこでちょっとしんどかったんやな。

翔　やっぱり言葉のところで、全然コミュニケーションが取れなくて。練習も、当時ウエストハム・ユナイテッド・アカデミーに参加させてもらったんですけど、練習のルールとかがわかんなくて、ぜんぶ英語なんで。それで結構苦しんだ覚えがあります。地元の小学校でも、いじめられました。

―　うちの女房も昔ロンドンに一年半留学していたので、子供にもロンドンの生活を体験させたい、ということで行ったんです。兄ちゃんはちょうど中一だったので、英語に興味がすごくあって、会話するのが楽しい、っていう感じだった。でも翔は、そういうしんどい経験をしていた。

親父ががんになって、僕がシンガポールから帰ってきたとき、息子の様子が、なんとなく、ちょっと、変で。それで小学校の時に、いろんなつらい思いしてきたんだな、っていうのを感じました。

中3で日本代表に選ばれたのに、東日本大震災で、結局、大会に行けなかったこともありました。その大会は福岡で行われるＵ１６の世界大会だったんですけど、それに選ばれて「いやあ、楽しみだなあ」と言ってたら、震災で、日本の代表は出場自体なくなった。

そのころ長男は、全国大会でまあまあ活躍していました。高３で全国大会、高２で、ベスト16とか。僕がコーチをやっていた頃です。

それに比べると、翔は恵まれてなかったから。小さいころいじめられたりとか、全国大会に行けなかったりとか。日本代表に選ばれても行けなかったりとか、こいつを、ちゃんと見てやりたいな、という思いは強かったんですよ。

「サッカーで見返すしかない」

翔　富山第一は、兄貴も入ってましたし、一択でした。

1年生の時は、僕、３年生に親父のことをめちゃめちゃ言われましたね。

「今日の、この、親父の戦術、何だ？」みたいな。僕に言うんですよ。「お前の親父、なんで俺を使わねえんだ？」とか。「俺に聞かれても困りますよ」って言っても、「そんなん知らんねん、言っとけ」って。

あと、親父の悪口を僕がいる前で言ってたりして、「こいつら…」みたいな。聞いてないふりしてたんですけど、要は、なんか「あいつだめだな」「ほんとうにつかえねえ」「これじゃあ負けるわ」みたいな。

そんなこともめちゃめちゃありましたね。親子でやっていて、それが一番辛かったです。

まあ、でも、監督はやっぱり、そういう、言われる職業というか。僕も、ある程度はそれを覚悟して入ったんで。でも、実際なってみて、辛いことはやっぱり、ありました。

― 1年のときに、シュートをポストにあてて、掲示板でたたかれたんですよ。

県の決勝で、負けていて、途中交代で入ったけど、決定的なチャンスをものにできなかった。キーパーがはじいてポストに当たって、入らなかったんです。それが掲示板の批判の的になった。

富山県高校サッカー掲示板とか、いろいろな掲示板があるんですけど「コーチの息子だからって出すんじゃねえ」とか、「あんなヘタクソなんで出すんだ」とか。

言いたい放題。うちの嫁も、見なきゃいいものを、夜中に起きて、見てたりするんですよ。またそれを印刷にかけて（笑）。A4、30ページぐらい。

そのときにもう、彼は、ショックはショックだったんだけど、何よりも、お母さんが泣いている姿見て「サッカーやめようかな」って思ったんだって。


翔　その時は、親不孝なことしたな、って思ってたんで。

でも、父の「サッカーでそういう屈辱味わったんなら、サッカーで取り返すしかない」っていう言葉が重くて。心に突き刺さったというか「あ、もうやるしかないな」って。

サッカーしかないし、サッカーしかやってこなかったし。やっぱサッカーで見返して、自分が活躍して、母親を元気にさせるしかないなって。


―　そこから朝練するようになったんです。朝5時に起きて、一人で隣の小学校に行って。

2年生の時は県の決勝戦で、同じようなチャンスを、得点したんですよ。そのときに、パフォーマンスをした。そのパフォーマンスが、口に指あてて、しーっていうやつ。

みんなは「カッコつけてるな」って言って、担任の先生も真似したんだよな。

だけどそれは、こいつのなかで、掲示板に「おまえら見たか、黙れ」っていう意味だったんですよ。

オーストラリアへ

翔　高校卒業後は、関西学院大学に進学しました。

4年の時にはけっこうプロの練習に参加して、結局、FC琉球に声をかけてもらって、そこで2年プレーしました。

これからオーストラリアのブリスベンに行きます。自分の夢が、ヨーロッパでサッカーをすることなので、そのためにやっぱり英語圏で、英語を学びながら、スキルを上げたいと考えています。

このインタビューは２０２０年１月に行いました。
忙しい中インタビューに快く応じてくださった皆さんに、心から感謝いたします。
ありがとうございました。（編集者）

あとがき

高校生の指導にあたって10年以上が経ち、いろいろな角度から現場を見てきた中で、「現状の育成システムは、子供たちの将来の為になっているだろうか？」と危惧する場面が多くあります。

私がシンガポールで監督をしていた時、妻と息子二人は1年間離れてイギリスに住んでいました。特に次男は異国の地で、英語が喋れないという理由でいじめにあって苦しんでいたようでした。その時、父親としてそばで支えてあげられなかった経験が今も心に強く残っています。早くから寮生活を送る子が増えていますが、子どものの悩みに気づき、寄り添えるのは親だけ。だからこそ、せめて高校生までは親元から通ってほしいというのが私の持論なのです。

また、日本の中学生年代のクラブチームの多くは、学校のグラウンドが開放される19時頃から練習を開始し、終わって家に帰るのは22時過ぎ。一番体が発達する時期に、適切なタイミングで食事が取れず、勉強や睡眠の時間が削がれている現状は、正しいとは言えません。部活とクラブの垣根をなくし、協力し合うといった思い切った策も必要ではないかと考えています。

イングランドでは体育の授業はなく、その役割は提携するクラブが担っています。ドイツでは2000年頃から国全体で大規模な選手育成の組織改革に着手し、ブラジルW杯では24年ぶりの優勝を決めた一方で、学業との両立にも力を入れ、21歳以下のプロ選手の8割が、将来を考えて大学に通っていると言います。

アマであれプロであれ、サッカー選手としての人生は短いもの。だからこそ子供たちが豊かな人生を送るために、サッカーだけでなく、親との時間や勉強と向き合う時間も含めてデザインされた環境を準備してあげたい。そんな思いを一人でも多くの方と共有できれば嬉しいです。この本を読んで頂いた皆様、そしていつもサポート頂いているすべての方々に感謝を込めて。

最後に親子共々お世話になっている、株式会社アイザック・代表取締役社長　石﨑大善様、富士製薬工業株式会社・代表取締役会長　今井博文様、富山第一高校・理事長　河合敦夫様には心より感謝しております。また、本田先生の情熱には頭が下がります。ありがとうございました。

２０２０年９月吉日

大塚一朗

2003、2004	富山県国体少年（高校選抜）コーチ
2005、2006	アルビレックス新潟シンガポール監督　5位、6位 (2年連続 COACH OF THE YEAR ノミネート)
2007	JFA ナショナルトレセンコーチ
2008 ～	富山第一高校サッカー部

指導資格

1990	イングランドサッカー協会公認 インターナショナルライセンス取得。
1990	スコットランドサッカー協会公認 C級ライセンス取得。
2000	日本サッカー協会公認 C級ライセンス取得。(現在B級)
2001	日本サッカー協会公認C級ライセンス 養成インストラクター資格取得。
2004	イングランドサッカー協会公認 アドバンスライセンス（UEFA"A"）取得。
2010	AFC、THE　FA アドバンス障がい者サッカーライセンス取得
2018	AFC PROFESSIONAL COACHING DIPLOMA 取得

著者プロフィール

大塚一朗（おおつか　いちろう）

サッカー選手歴

1964	富山県富山市生まれ
1973	柳町サッカー少年団で始める
1975	全日本少年サッカー大会出場　9位
1977	富山東部中学サッカー部に入部 全日本中学選抜大会に富山県選抜チームとして ２年連続出場
1980	富山第一高校サッカー部に入部
1981	神奈川インターハイ、滋賀国体、選手権、出場、 日本ユース代表候補
1982	島根国体4位（大会優秀選手）、 日本ユース代表候補
1983	法政大学体育会サッカー部に入部 インカレ、選手権、リーグ戦出場
1987	古河電工サッカー部に入部 アジアクラブ選手権　優勝
1989	イングランドに留学 Corinthian-Casuals FC （イングランド　アマチュア1部）でプレー
1990	北陸電力サッカー部に入部
1993	四国国体　5位、天皇杯　富山県代表
1994	愛知国体　5位、全国社会人大会　準優勝
1995	福島国体　優勝、天皇杯　富山県代表

コーチ歴

1990 ～ 2002	北陸電力サッカー部（アローズ北陸）コーチ （1996年まで選手兼任）
1998 ～ 2000	富山県国体成年女子監督 神奈川国体　準優勝（1998） 熊本国体、富山国体　5位（1999、2000）
2003 ～	富山北ＦＣアドバイザー 全日本少年サッカー大会　準優勝（2003）

心を活かす監督術

2020年10月21日　第1刷発行
著　者———大塚一朗
発　行———アートヴィレッジ
〒657-0846　神戸市灘区岩屋北町3-3-18　六甲ビル4F
ＴＥＬ. 078-806-7230
ＦＡＸ. 078-801-0006
ＵＲＬ. http://art-v.jp/